PAUL J. KOHTES

DAS BUCH VOM
NICHTS

MIT ZEN ZU EINEM LEBEN IN FÜLLE

Inhalt

Einführung
Durch acht Zen-Tore mitten ins Leben   5

Achtsam sein   12
Die Sehnsucht nach innerem Frieden und Gelassenheit

Das Schöne im Hier und Jetzt erkennen   26
Destruktives Denken und das Elend unserer Konjunktive

Bescheiden sein   40
Die Befürchtung, nicht genug zu bekommen

Loslassen   52
Etwas unbedingt erreichen wollen

Kraftvoll handeln   66
Sich selbst zum Opfer machen

Dankbarkeit pflegen   78
Auf der Suche nach dem Sinn

Mitgefühl entwickeln   90
Im Ego-Tunnel feststecken

Frei sein   104
Von der Sehnsucht nach Gewissheit

Zum Nachschlagen
Kleines Zen-Lexikon   116
Bücher, Adressen und Links   118
Sachregister   119

Paul J. Kohtes, 1945 in der Nähe von Düsseldorf geboren, entdeckte für sich vor etwa 30 Jahren – auf der Suche nach innerem Gleichgewicht – die Zen-Meditation. Fasziniert von dieser östlichen Tradition, eignete er sich bald tiefe Kenntnisse an. Als Zen-Lehrer ist es ihm ein Anliegen, Alltag und Spiritualität zu verbinden. Er leitet Seminare in Zen-Meditation, unter anderem im Rahmen des Führungskräfteprogramms »Zen for Leadership«, und hat sich auf das Coachen von Führungskräften spezialisiert. Paul J. Kohtes ist Gründer der europaweit umsatzstärksten PR-Agentur Kohtes Klewes (heute Ketchum Pleon) mit Sitz in Düsseldorf.

Durch acht Zen-Tore mitten ins Leben

Als der Kaiser von China etwa im Jahr 463 den Zen-Patriarchen Bodhidharma aufsuchte, glich das einer wahren Sensation. Denn ein Kaiser lässt die Weisen gewöhnlich zu sich kommen und sucht sie nicht selbst auf. Bodhidharma war jedoch ein besonderer Mann. Der Überlieferung nach hatte er die Ideen und Methoden des Zen (in China heißt das Chan) von Indien nach China gebracht. Und er galt als höchst überheblich. In Wirklichkeit war er das nicht, doch eine große innere Freiheit lässt einen Menschen manchmal so wirken. Vielleicht war der chinesische Kaiser gerade wegen der tiefen Selbstsicherheit dieses Mannes von dessen Ideen so fasziniert. Jedenfalls hatte er sich über Jahre als Förderer der Zen-Lehre engagiert, indem er durch Verordnungen deren Verbreitung begünstigte sowie den Bau von Klöstern finanziell unterstützte. Jetzt allerdings kam er mit einer Forderung zum Zen-Patriarchen. Er wünschte, für sein Engagement belohnt zu werden, und fragte unverblümt: »Nun, was bekomme ich denn für all meine Unterstützung der neuen Lehre?« Bodhidharma antwortete mit den berühmten Worten: »N I C H T S. Leere Weite. Nichts von heilig!«.

Und genau darauf müssen auch Sie sich einstellen, wenn Sie dieses Buch lesen und daraus neue Einsichten gewinnen möchten. Doch dafür werden Sie belohnt – mit der ernsthaften Chance, das N I C H T S, das Nirwana der Glückseligkeit, kennenzulernen. Voraussetzung ist jedoch, Sie wollen das Nichts zwar unbedingt erfahren und doch ist es Ihnen letztlich gleichgültig, ob es tatsächlich gelingt.

Das klingt vielleicht zunächst befremdlich. Im Zen wird jedoch das Paradoxe des Lebens offenkundig. Sie können davon profitieren, wenn Sie es schaffen, die in der westlichen Gesellschaft allgemein übliche Entweder-oder-Mentalität zu überwinden. Zen lehrt dagegen dazu das Sowohl-als-auch, der Grund, weshalb es im Zen nicht darum geht, zu glauben. Denn das wäre wieder ein Entweder-oder, wie das traditionelle Religionsverständnis, das uns verpflichtet, an etwas zu glauben, auch wenn es nicht rational erfassbar oder erklärbar ist.

Im Zen zählt nur die direkte, die persönliche Erfahrung. Es hilft nämlich niemandem, wenn ein anderer den Weg in die Glückseligkeit des Nirwana erfahren hat. Es hilft auch niemandem, wenn ein anderer davon berichtet. Sie müssen die Erfahrung schon selbst machen. Deshalb finden Sie in diesem Buch viele Beispiele und vor allem

Übungen, jedoch wenig zur Geschichte des Zen. Doch die folgende Information möchte ich Ihnen nicht vorenthalten: Zen geht auf die Erleuchtungserfahrung des Buddha zurück, der sich nach langen und mühseligen Versuchen schließlich einfach unter einen Baum gesetzt hat, um dort auszuharren, bis er wusste, warum das Leiden in der Welt so normal zu sein scheint und wie man es bezwingen kann. Als er sich schließlich darüber im Klaren war, sagte er: »Es ist das Leben-Wollen, das zum Leid führt. Und das gilt es zu überwinden, durch L o s l a s s e n.«

Nun werden Sie sagen: Ich lebe doch gerne, warum muss ich dann loslassen? – Vielleicht, weil Sie nicht nur gerne, sondern auch möglichst ohne Zwänge leben, nicht fixiert sein wollen. Hier offenbart sich wieder das Einzigartige von Zen: Zen deckt alles Zwanghafte auf und überwindet es. Sie »müssen« nichts müssen und Sie »dürfen« alles dürfen. Das ist das Nirwana im Hier und Jetzt, das uns doch so unendlich weit weg erscheint.

In diesem Buch erfahren Sie, dass das Nirwana ganz natürlich und tatsächlich erreichbar ist – denn wir sind bereits mittendrin, nur wahrnehmen können wir es noch nicht. Die folgenden acht Kapitel machen Sie mit acht Zen-Tugenden vertraut, führen Sie durch acht

Zen-Tore mitten ins Leben. Jedes dieser acht Tore ist ein Schlüssel, der Ihnen neue Sichtweisen eröffnet und es Ihnen ermöglicht, vollkommen in die Erfahrungswelt des Nichts einzutauchen. Da die Acht im Chinesischen die unbedingte Glückszahl ist, ist es kein Zufall, dass das Buch acht Kapitel hat. Wenn Sie Freude daran haben, alle Kapitel zu lesen und damit durch alle acht Tore zu schreiten, dann tun Sie das. Wenn Sie nur den ein oder anderen Zugang zum Nichts nutzen wollen, dann ist auch das in Ordnung.

Am wichtigsten sind jedoch die Übungen, die Sie am Ende jedes Kapitels finden. Nur durch Übung verändert sich die Hirnstruktur so nachhaltig, dass wir unser Leben real verändern können. Zusätzlich zu den Übungen ist dem Buch eine CD mit geführten Meditationen beigefügt, mit deren Hilfe es Ihnen leichter fallen wird, in die Erfahrung des Loslassens, des N I C H T S und schließlich in die der Fülle zu gelangen. Gönnen Sie sich Zeit für diese Erfahrung.

Wann immer Sie Fragen haben, Zweifel oder Anregungen, wenn Sie Kritik vorbringen oder von Ihren Erfahrungen berichten wollen, dann schreiben Sie mir bitte (Adresse Seite 118).

Ich wünsche Ihnen viel Erfolg bei Ihrer Erfahrung mit dem Nichts.
Ihr Paul J. Kohtes

Sollten Sie es besonders eilig haben, dann finden Sie die
Essenz dieses Buches, das, wohin es Sie geleiten soll, auf
den beiden folgenden Seiten.

Achtsam sein

»Ich habe keine Zeit –
das Leben rast an mir vorbei.«

Die Sehnsucht nach innerem Frieden und Gelassenheit

Wir sind gehetzt, weil wir überall zugleich sein wollen und dabei nirgendwo ankommen. Wenn wir erkennen, dass jeder Moment wertvoll ist, finden wir in diesem N I C H T S alles, was im Leben wichtig ist, und kommen zur Ruhe.

Zu Ikkyu, einem der großen Zen-Meister Japans, kam eines Tages ein hoher Regierungsbeamter und wollte von ihm wissen: »Was ist die Essenz des Zen?« Ikkyu nahm den Tuschestift in die Hand und schrieb auf ein Stück Papier in feinster Kalligraphie »Achtsamkeit«.
Das stellte den Beamten nicht zufrieden. »Ist das alles?«, wollte er wissen. Der Meister nahm das Papier zurück und schrieb erneut »Achtsamkeit«.
Der hohe Regierungsbeamte war sichtlich verärgert: »Was soll das?«
Unbeeindruckt nahm Ikkyu das Papier und schrieb zum dritten Mal das gleiche Wort. »Achtsamkeit«.
Fassungslos starrte der Regierungsbeamte darauf, bis er endlich begriff: »Oh Meister, jetzt habe ich verstanden!« Und er verneigte sich tief.

Am Jahresende sagen wir meist »Nein, schon wieder ist ein Jahr vergangen!« und sind fest davon überzeugt, dass die Zeit immer schneller rennt. Was sie natürlich nicht tut. Die objektive Zeit der Physik, die mit der Atomuhr gemessen wird, ist eine feste, immer gleichbleibende Größe. Die Zeit hingegen, die wir subjektiv wahrnehmen, steht für unser Zeitgefühl. Deshalb ist Zeit ein besonders anschauliches Beispiel für das N I C H T S. Denn entweder ist etwas schon vergangen, dann ist es aus der Zeit. Oder es liegt noch in der Zukunft, dann ist es ebenso wenig in der Zeit. Ein Beleg dafür, dass die Gegenwart tatsächlich zeitlos ist.

Im Flow ist die Zeit außer Kraft gesetzt

Es ist schon verblüffend, zu sehen, wie wir alle einen aussichtslosen Kampf gegen die Zeit führen, den wir niemals gewinnen können, weil die Zeit nur ein Phantom ist. Es ist wie Don Quichottes Kampf gegen die Windmühlenflügel. Warum sind wir überhaupt zu Sklaven der Zeit geworden? Das liegt an unserer inneren Programmierung, da wir uns unserer Vorstellung von Zeit unterworfen haben. Kleine Kinder haben noch kein Zeitgefühl, sie leben einfach in den Tag hinein, also in der Gegenwart.

Jeder von uns hat auch als Erwachsener schon einmal die Erfahrung gemacht, wie es ist, in der Gegenwart zu leben. Gemeint sind jene Momente, in denen wir in eine zeitlose Welt abgetaucht sind. Wenn wir uns ganz auf eine Sache konzentrieren, unsere uneingeschränkte Achtsamkeit darauf richten, nehmen wir die Zeit nicht wahr, wir sind im Flow. Das geschieht immer dann, wenn wir mit einer Sache vollkommen verbunden sind, zum Beispiel bei einer Arbeit, die uns voll in Beschlag nimmt, einer künstlerischen Tätigkeit, die viel Kreativität erfordert, einem Hobby, das uns absolut fasziniert – oder in der Liebe. Wir tauchen ein in das N I C H T S, in einen Modus des puren Seins. Wir denken nicht an gestern und nicht an morgen. Erst wenn wir aus diesem Zustand des Flows wieder auftauchen, stellen wir fest, wie die Zeit verflogen ist.

Wenn der natürliche Rhythmus der Zeitsklaverei weicht

Ursprünglich war die Zeit eine Orientierungshilfe, mit der die Menschen den Werdegang der Natur besser in ihr Leben integrieren konnten. Sie half, eine gewisse Vorausschau für den Ablauf der Dinge zu entwickeln und sich auf diese Weise immer besser organisieren zu können. So wurde der Mensch zum Homo faber, jenem Wesen, das frei planen, organisieren und handeln konnte. Dazu brauchten wir die Zeit. Solange die Zeit den natürlichen Abläufen folgte, gemessen am Stand der Gestirne, am Rhythmus von Tag und Nacht oder an der Abfolge der Jahreszeiten, solange war der Mensch noch weitgehend in Balance. Je mehr die Zeit sich jedoch zu einer messbaren Einheit entwickelte, insbesondere durch die Erfindung der Uhr, desto mehr bekam sie eine eigene Qualität. Und heute dominiert uns die Zeit völlig. Unsere Sprache ist voll von Belegen dafür: »Du darfst keine Zeit verlieren« oder »Zeit ist Geld« oder »Zeit ist kostbar« oder »Ich habe keine Zeit«.

Es gibt andere Maßeinheiten, bei denen uns die Abhängigkeit nicht ganz so dramatisch erscheint. Ein Kilometer etwa wird normalerweise ziemlich emotionslos wahrgenommen, einfach als eine Einheit, mit der Entfernungen gemessen werden. Wenn wir jedoch beginnen, Kilometer zu »fressen«, befinden wir uns in einer fremdbestimmten Situation.

Die wichtigste Voraussetzung, uns aus einer solchen Abhängigkeit zu befreien, ist, sie wahrzunehmen. In dem Moment, in dem wir sagen, »Ich habe keine Zeit«, können wir feststellen, dass wir in die Zeitsklaverei gefallen sind. Denn es ist nicht möglich, zur Verfügung stehende Zeit einzuschätzen. Zeit kann man nicht besitzen und deshalb auch nicht weitergeben. Zeit ist vollkommen virtuell. Sie ist also N I C H T S, nur eine andere Form der Wahrnehmung.

Nach Laotse, dem berühmten chinesischen Philosophen und Begründer des Taoismus, der auch den Zen-Buddhismus beeinflusst hat, ist das Geheimnis des Tao und gleichzeitig dessen wichtigste Erkenntnis, dass sich der gesamte Kosmos in jedem seiner Teile widerspiegelt und alles eins ist. Tao, oft mit dem Begriff »Weg« übersetzt, ist damit ein allumfassender Begriff für die große Harmonie, für eine Ordnung von Natur und Universum, in die der Mensch gestellt ist. Laotse sagt:

DAS TAO IST UNBEGRENZT,
EWIG.
WARUM IST ES EWIG?
ES WURDE NIE GEBOREN;
FOLGLICH KANN ES NIE STERBEN.
WARUM IST ES UNBEGRENZT?
ES HAT KEINE EIGENINTERESSEN;
FOLGLICH STEHT ES
ALLEN WESEN
ZUR VERFÜGUNG.

Laotse

Das Gleiche gilt für die Zeit. Es sind unsere Gedanken, unsere persönlichen Haltungen, unsere Vorstellungen, die einen Keil zwischen uns und die Zeit treiben.

Aber: Können wir denn »zeitlos« wahrnehmen? Ja, das können wir – wir haben es nur verlernt. Zunehmend sind wir immer mehr in die Zeitfalle hineingeraten. Unser Verhältnis zur Zeit erscheint uns so normal, dass wir uns einen anderen Zustand schon gar nicht mehr vorstellen können. Dabei haben wir wohl alle schon die Erfahrung gemacht und wissen deshalb auch, dass dieses Gehetzt-sein nicht gerade ein zufriedenstellender oder gar glücklicher Zustand ist, denn er blockiert uns und hält uns davon ab, im Flow zu sein. Damit beginnt der Teufelskreis, der uns in die Abhängigkeit der Zeitwahrnehmung führt und der gleichzeitig verhindert, dass wir uns daraus wieder mühelos befreien können.

●

Auch zu viel Zeit kann zum Problem werden

Nicht die Zeit selbst ist also das Problem, sondern die Diskrepanz zwischen dem, was wir im Moment wollen, und dem, was tatsächlich ist. Die Zeit ist immer da, doch die Ansprüche, die wir an sie stellen, verändern sich ständig. Wenn wir beispielsweise auf dem Weg zu einem wichtigen Termin unerwartet im Stau stehen, zerrinnt uns die Zeit buchstäblich zwischen den Fingern. Wir werden nervös, weil wir nicht zu spät kommen möchten. Wir stellen uns vielleicht vor, dass die Person, mit der wir verabredet sind, verärgert sein könnte. Die Gedanken schweifen in die Zukunft, also in die Zeit, die noch gar nicht da ist. Und darüber bemerken wir nicht einmal, dass wir gerade jetzt Zeit haben. Der innere Kampf zwischen unserem Wollen und der Wirklichkeit macht die (vermeintlich fehlende) Zeit zum Schuldigen.

Interessanterweise funktioniert dieser Mechanismus auch umgekehrt. Obwohl wir zumeist über einen Mangel an Zeit klagen, frustriert uns ein Zuviel an Zeit in gleicher Weise. Wer kennt das nicht: Man sitzt beim Arzt im Wartezimmer, schon seit einer halben Stunde, und immer noch wird der nächste Patient nicht aufgerufen. Die unausgefüllten Minuten verrinnen, wir haben Zeit in Hülle und Fülle – und dennoch sind wir unzufrieden. So ähnlich erging es auch dem Büroaufseher, der eines Tages den Zen-Meister Takuan aufsuchte und sich bei ihm über die eintönigen Tage im Büro beklagte, an denen er nichts anderes zu tun hatte, als seine Untergebenen zu beaufsichtigen. Er wollte wissen, wie er diese Zeit sinnvoll verbringen könne. Takuan schrieb acht Schriftzeichen auf und gab sie dem Mann:

Nicht zweimal an diesem Tag
ein Millimeter Zeit, ein Zentimeter Kostbarkeit.
Dieser Tag wird nicht wiederkehren.
Jede Minute ist eine unbezahlbare Kostbarkeit wert.

Wenn wir meinen, zu viel Zeit zu haben, regt sich in uns die Angst vor dem N I C H T S. Unsere Vorstellung von dem, was gerade sein sollte, erscheint uns zuverlässiger und naheliegender als das, was gerade ist. Und in solchen Situationen machen wir die Zeit zu unserem Feind.

•

Jenseits der Zeit – leben im Augenblick

Immer dann, wenn wir das Gefühl für die Qualität des Augenblicks verlieren, landen wir in der Zeitfalle. Gelingt es uns jedoch, achtsam zu sein für das, was jeder Moment in sich birgt, verändert sich unsere Perspektive erheblich.

Beobachten Sie doch einmal, was passiert, wenn Sie glauben, gerade keine Zeit zu haben.
Ein Szenario: Sie haben vielleicht Freunde zum Abendessen eingeladen, mussten aber länger arbeiten, standen beim Einkaufen an der Kasse ewig in der Schlange und hinken nun Ihrem – imaginären! – Zeitplan gefühlte eineinhalb Stunden hinterher. Sie hantieren nervös mit den Lebensmitteln, schielen auf die Uhr, lassen, weil Sie unaufmerksam sind, aus Versehen ein rohes Ei fallen – und verlieren beim Saubermachen weitere Zeit, wollen beim Zwiebelhacken besonders schnell sein und schneiden sich dabei in den Finger ... Sie kämpfen gegen die Zeit – und Sie verlieren diesen Kampf.
Und nun ein gänzlich anderes Szenario: Ja, Sie sind, gemessen an Ihren ursprünglichen Plänen, spät dran. Dennoch packen Sie Ihre Einkäufe in Ruhe aus und freuen

sich, dass Sie ein paar besonders aromatische Tomaten gefunden haben. Sie greifen zum Küchenmesser und schneiden in aller Gelassenheit das Gemüse und nehmen dabei seinen feinen Duft wahr. Wenn Sie kochen, steht die Zeit still, denn Sie sind ganz bei der Sache. Vielleicht werden sich Ihre Freunde noch bei einem Aperitif vergnügen müssen, bis das Essen auf den Tisch kommt.

Aber was macht das schon?

In solchen Momenten offenbart sich Ihnen das N I C H T S, die Zeitlosigkeit. Manche Menschen haben die Gabe, immer im Augenblick zu leben. Sie sorgen sich nicht über das Später, sondern geben im Jetzt ihr Bestes, auf dass es von ganz allein in der Zukunft Früchte tragen möge – oder auch nicht. Doch selbst dann, wenn Sie nicht zu dieser – zugegeben, eher seltenen – Spezies gehören, müssen Sie nicht im Hamsterrad der Zeit verharren. Denn jeder von uns hat die Möglichkeit, sich auf demselben Weg, auf dem er in die Zeitfalle hineingeschlingert ist, daraus auch zu befreien.

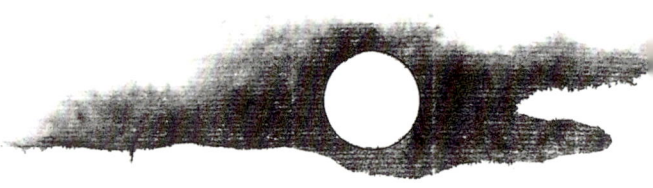

Sich aus der Zeitfalle befreien

In der Homöopathie gibt es den Grundsatz, dass Ähnliches mit Ähnlichem zu behandeln ist. Eine Krankheit soll demnach mit demselben Mittel geheilt werden, das die Krankheit ausgelöst hat. Hochpotenziert – also stark verdünnt – wird dieses Mittel somit zum Heilmittel. Auf die gleiche Weise können wir uns auch aus der Zeitfalle befreien. Denn hineingeraten sind wir, auch wenn uns dies häufig nicht bewusst ist, durch unseren eigenen Willen. Und deshalb kann es auch nur unser eigener Wille sein, durch den wir uns aus der Sklaverei der Zeit auch wieder zu befreien vermögen.

Sie ahnen schon, dass das nicht so einfach zu bewerkstelligen ist. Deshalb brauchen wir eine andere, eine zielführendere Form des Willens. Die »hochpotenzierte« Form von

Willen heißt »es wollen wollen«. Damit ist eine Form des Willens gemeint, die nichts erzwingen will, denn das wäre ja nur eine weitere Variante jener Mechanismen, mit denen wir in die Zeitabhängigkeit geraten sind, aus der wir uns befreien wollen. Es geht also um einen Willen mit »open end«, ohne gleich festzulegen, wann und wie etwas zu geschehen hat. Man könnte das auch eine Form der Meditation nennen. Dabei kommt es zunächst einmal nur darauf an, das Phänomen Zeit wahrzunehmen und die damit verbundenen Gefühle und Empfindungen zu erkennen. Dazu sind Übungen nötig, die Zeit kosten. Das klingt vielleicht zunächst wie ein Widerspruch. Die Abhängigkeit von Zeit werden wir jedoch nicht so einfach auflösen können, ohne die inneren Mechanismen zu durchschauen, die uns dorthin gebracht haben.

Die folgenden beiden Übungen führen Sie bewusst in die Zeit – und wieder aus der Zeit heraus. Sie sind

mit keinem Ziel im konventionellen Sinne verbunden. Es geht lediglich darum, dass Sie Erfahrungen machen und diese wahrnehmen. Sonst N I C H T S. Sie müssen weder Ihre Reaktionen analysieren noch Schlussfolgerungen für Ihr Leben ziehen. Wenn Sie diese Übungen jedoch in Ihren Alltag integrieren und mehrmals am Tag eine Minute innehalten oder jeden Morgen mit fünfzehn Minuten in Stille beginnen, werden Sie nach einer Weile feststellen, dass sich Ihr Verhältnis zur Zeit grundlegend verändert. Das Leben rast dann nicht mehr an Ihnen vorbei, sondern Sie befinden sich mitten im Leben.

ÜBUNG

60-SEKUNDEN-SPIEL

Schauen Sie auf eine Uhr mit einem großen Sekundenzeiger, dem Sie ganz bewusst sechzig Sekunden lang folgen.

Beobachten Sie, wann Ihre Aufmerksamkeit nachlässt, wo etwas in Ihnen sich meldet mit Einwänden wie »Was soll das?« oder »Wie langweilig!«. In diesem Moment warten Sie, bis der Sekundenzeiger wieder bei der Zwölf angelangt ist, und dann beginnen Sie von vorne.

Betrachten Sie die Übung als ein Spiel, das Sie erst gewonnen haben, wenn Sie sechzig Sekunden bei der Sache geblieben sind.

ÜBUNG

IN DER ZEIT

Setzen Sie sich mit aufgerichtetem Oberkörper auf einen Stuhl, möglichst ohne sich anzulehnen. Stellen Sie einen Wecker auf fünfzehn Minuten. Schließen Sie die Augen und warten Sie ab, bis der Wecker klingelt. Konzentrieren Sie sich ausschließlich auf den Wecker. Wenn Sie merken, dass Sie abschweifen, kehren Sie bewusst wieder zurück. Versuchen Sie, ganz in der Wahrnehmung des Zeitablaufs zu bleiben, nicht an vorher oder nachher zu denken.

Es geht nur darum, die Erfahrung zu machen, wie Sie Zeit wahrnehmen.

● Hören Sie zu diesem Kapitel die geführte Meditation **ZEIT-REISE**, Track 3 auf CD.

Das Schöne im Hier und Jetzt erkennen

»Ich muss nur noch dieses Hindernis überwinden, dann bin ich glücklich.«

Destruktives Denken und das Elend unserer Konjunktive

Wir knüpfen Bedingungen an unser Glück und schaffen damit unser Unglück. Wenn sich unsere negativen Bewertungen in N I C H T S auflösen, können wir uns an jedem Atemzug erfreuen.

Der Zen-Meister Xue Feng wurde einst gefragt: »Ist es richtig, dass es das Ziel des Weges ist, in eine Welt des Friedens und der Ruhe einzutreten?«

»Eine solche Welt würde doch immer noch an ihrer Unvollkommenheit kranken«, entgegnete der Meister.

»Und wie kann man das ändern? Habt ihr einen Rat?«

»Nun, dann müsst ihr das anders machen, nämlich so wie der Mensch, der auf einem leichten Kahn dem Strom des Jangtse folgt, hinunter nach Jangtschau gleitet – unbeschwert und frohgemut. Nur so kann er sich an der Schönheit des Landes entlang der beiden Ufer erfreuen.«

Wissen Sie eigentlich, wie sich »Glück« anfühlt? Die meisten Menschen können diese Frage mit Ja beantworten und sogar ziemlich genau beschreiben, wie es ist, sich glücklich zu fühlen. Das Besondere dabei ist, dass es immer nur kurze Momente zu sein scheinen, in denen wir vorbehaltlos glücklich sind. Wohl kaum jemand in unserer westlichen Zivilisation wird von sich sagen können, dauerhaft in einem Zustand des Glücks zu verweilen. Schlimmer noch, wenn wir einem besonders glücklich wirkenden Menschen begegnen, sind wir gleich skeptisch und fragen uns, ob das wirklich echt ist. Wir denken oder ahnen, dass diese Befindlichkeit im Zweifel kaum von langer Dauer sein wird. Glück scheint schwer zu ertragen zu sein. Ist das nicht merkwürdig? Alle streben danach – und kaum einer hält es für möglich, den Zustand des dauerhaften Glücks tatsächlich zu erreichen. Es ist wie mit dem Paradies, ein schöner Traum – für irgendwann. Vielleicht liegt es an den westlichen Religionen, dass Paradies und Glück uns vermeintlich erst zustehen, wenn wir tot sind. Die meisten Menschen haben sich damit abgefunden – und damit nimmt das Unglück seinen Lauf.

Die unbewusste Endlosschleife des selbst geschaffenen Unglücks

Unbeschwert und frohgemut, wann sind wir das schon? Stattdessen schlagen wir uns mit unseren Sorgen herum. Eine zentrale Eigenschaft von sich sorgen ist Fantasie entwickeln. Wir überlegen uns nämlich, was alles passieren könnte, wenn ... Diese Form der Fantasie ist jedoch weder beglückend noch inspirierend, sondern bedrückend. Sie raubt uns Energie, lähmt uns – und führt letztlich dazu, dass genau das eintritt, um das wir uns sorgen. Die sich selbst erfüllende Prophezeiung also. In der ursprünglich guten Absicht, uns vor Schaden zu bewahren, ist das Nachdenken über einen möglichen Schaden dominant geworden.

Damit diese innere Haltung für unser Selbstwertgefühl nicht so peinlich ist, hat sich das Gehirn eine besondere Strategie ausgedacht, die des »wenn ... dann«. Kaum eine Lebensstrategie ist weiter verbreitet als diese. Dabei beruht sie nur auf einem sehr unzuverlässigen inneren Deal. Wir stellen einen Zusammenhang her, der letztlich völlig unverbindlich ist, und richten doch unser ganzes Handeln danach aus. So ein fragwürdiges Geschäft würden wir im realen Leben niemals akzeptieren. In unserem inneren Leben ist es jedoch gang und gäbe. »Wenn ich erst erwachsen bin, dann werde ich es euch zeigen.« Oder: »Wenn ich erst mal reich bin, dann bin ich glücklich.« Oder: »Wenn ich wieder gesund bin, dann werde ich mich auf jeden Fall gesünder ernähren, weniger Alkohol trinken und mich täglich mehr bewegen.« Sie wissen selbst, dass sich diese Reihe beliebig fortsetzen ließe.

Wir sehen das Glück nicht in jedem Augenblick, sondern projizieren es auf die Zukunft. Wenn wir noch diese Herausforderung gemeistert oder jenes Ziel erreicht haben, dann – ja, erst dann – können wir glücklich sein.

Dieses feste Denkmuster bestimmt unterschwellig unser ganzes Leben. Haben wir nämlich die Bedingung, an die wir unser Glück geknüpft haben, endlich erfüllt, konstruiert unser Gehirn bereits die nächste Herausforderung. Wir freuen uns nicht über den Etappensieg, sondern müssen das Glück immer wieder von Neuem suchen. Ein Mechanismus, der grundsätzlich kein Ende findet. So sind wir dazu verdammt, im N I C H T S zu verharren, das Glück zwar stets vor Augen, aber nie wirklich erreichbar und erlebbar.

•

Die Illusion der Beständigkeit

Möglicherweise werden Sie jetzt einwenden: Das mag so sein, aber dennoch erfahre ich im Leben immer wieder Glücksmomente. Glück ist also im Prinzip doch erreichbar! Vielleicht. Aber fragen Sie sich einmal: Wie beständig ist dieses Glück? Sind Sie morgen noch so glücklich, wie Sie es gerade eben noch waren? Und übermorgen? Oder gar in einer Woche?

Eine Erfahrung, die sicherlich jeder schon einmal gemacht hat: Sie entdecken im Schaufenster eine edle Armbanduhr, die Ihnen auf Anhieb ganz besonders gefällt. Im Geiste sehen Sie sich schon, wie Sie die Uhr tragen, die an Ihrem Handgelenk hervorragend zur Geltung kommen würde. Also kaufen Sie die Uhr. Eine Welle der Euphorie – man könnte auch sagen: des Glücks – ergreift Sie. In den ersten Tagen nach dem Kauf schauen Sie viel öfter als gewöhnlich nach, wie spät es ist. Und jedes Mal, wenn Sie die Uhr betrachten, steigt in Ihnen eine gewisse Zufriedenheit auf. Doch peu à peu, vielleicht schon nach wenigen Tagen, vielleicht auch erst nach einigen Wochen, ist die Uhr, die gerade noch etwas Besonderes war, einfach nur noch eine Uhr. Das Glück hat sich verflüchtigt und weicht einer Leere.

Dieses N I C H T S ist für die meisten Menschen nur schwer auszuhalten, weil der Geschmack des verflogenen Glücks noch allgegenwärtig ist – und es in der Natur der Sache liegt, dass man ihn wieder und wieder in sich aufnehmen möchte. Also halten wir Ausschau nach einem neuen Objekt unserer Begierde, fühlen uns für kurze Zeit damit glücklich, nur um nach einer Weile erneut zu erkennen, dass uns das Glück einmal mehr zwischen den Fingern zerronnen ist.

Wie schwer es ist, zu erkennen, dass man einem Phantom nachjagt, zeigt die folgende Geschichte:

Ein Mönch fragte den legendären Zen-Meister Jôshû: »Was ist der Kern des Kerns?«
Jôshû stellte die Gegenfrage: »Wie lange habt ihr euch schon so durchgekernt?« Der Mönch erwiderte: »Ich beschäftige mich schon lange mit dem Kern der Dinge.«
Darauf murmelte Jôshû vor sich hin: »Der Mönch kann von Glück sagen, dass er mich getroffen hat. Dieser Narr hatte sich schon fast ausgekernt.«

Auch wir beschäftigen uns schon lange, meist unser Leben lang, mit dem Glück. Wir versuchen, seinen Kern zu (be-)greifen, und scheitern dabei doch jedes Mal aufs Neue. Unser Wunsch, das Glück möge sich endlich als beständig erweisen, treibt uns von einer Glückserfahrung zur nächsten. Ein Kreislauf, der nie ein Ende finden wird, einfach deshalb, weil das Glück, das wir so gerne festhalten würden, vollkommen unbeständig ist.
Aber kann es denn ein dauerhaftes Glück überhaupt geben?

Sich auf den Fluss des Lebens einlassen

Im Zen gibt es eine Erfahrung, die von einem Meister so beschrieben wurde: »Am Beginn der Übung sind die Berge noch Berge. Später stellst du fest, dass die Berge doch keine Berge sind, sondern nur Vorstellungen davon. Bis du schließlich entdeckst, dass die Berge wieder Berge sind.«

In diesem kurzen Rundgang wird eine drastische Wende beschrieben. Unsere gesamte Wahrnehmung ist von unseren Erfahrungen und sozialen Prägungen bestimmt. Wir können einen Berg nur noch auf die einmal festgelegte Weise wahrnehmen. Es geht jedoch darum, in der Lage zu sein, alle Dinge auch neu und ohne solche Fixierungen wahrnehmen zu können. Dann kann ein Berg einerseits so sein, wie wir ihn durch die Brille unserer Erfahrungen und auf Basis unserer dadurch geprägten Hirnstrukturen sehen. Er kann gleichzeitig aber auch völlig anders wahrgenommen werden, einfach als ein Phänomen, das wir Berg nennen. In diesem Augenblick wird die Trennung zwischen Berg und Ich aufgehoben. Und das nennt man Glück. Denn wenn wir nicht mehr getrennt sind von dem, was wir wahrnehmen, entsteht das beglückende Gefühl des »Eins-Seins«.

Es bedarf keiner besonderen Weisheit, zu erkennen, dass es unmöglich ist, innere Ruhe, Glück und Zufriedenheit zu finden, solange wir nach etwas streben, das eigentlich nur in unserer Vorstellung existiert, solange wir grübeln und uns Sorgen machen. Vielleicht werden Sie jetzt einwenden, dass wir doch nicht einfach in den Tag hinein leben können, gänzlich ohne Sorgen oder zumindest ohne sich Gedanken zu machen. Und dass wir Glück kaum finden können, wenn wir nicht danach suchen. Doch, das können wir. Allerdings müssen wir dazu die Art und Weise ändern, wie wir denken und auf unsere Wahrnehmungen reagieren. Letztlich ist jede Wahrnehmung die Aufforderung, etwas in unserem Leben zu verändern – seien es innere oder äußere Belange. Wenn wir uns ärgern, in Grübeleien versinken oder besorgt sind, versuchen wir lediglich, die anstehende Veränderung zu vermeiden. Auch das Streben nach Glück ist dann nur ein Ausweichmanöver. Denn wenn wir bereits eine klare Vorstellung davon haben, was uns glücklich macht, wird es uns umso schwerer fallen, dieses Glück wirklich zu finden, weil unser »Beuteschema« uns der Chance beraubt, das Glück auch an anderen Orten, in anderen Kontexten oder in anderen Dingen zu erkennen.

In dem Moment jedoch, in dem wir alles, was uns im Leben begegnet, unter dem Aspekt betrachten, »was will ES von mir?«, haben wir eine reelle Chance, uns auf den Fluss des Lebens einzulassen. Das macht unsere Wahrnehmung frei dafür, die Schönheit des Lebens wieder neu zu entdecken.

Manche Menschen können beispielsweise keine Spinne betrachten, ohne Angst, Abwehr oder Ekel zu spüren. Das verhindert, die Spinne so zu sehen, wie sie ist, in all ihrer Schönheit. Ein Spinnenliebhaber würde vielleicht verzückt von den ästhetischen Qualitäten der Spinne sprechen, sich an ihrer Leichtfüßigkeit und Eleganz erfreuen und eventuell sogar behaupten, dass es kaum ein schöneres Tier gebe.

Nun können wir Angst, Abwehr oder Ekel nicht einfach »ausschalten« wie ein technisches Gerät. Genauso wenig wie wir den Impuls, das Glück immer wieder am falschen Ort zu suchen, unterdrücken können. Wir können jedoch die Gefühle, die dahinterstecken, aufdecken und wahrnehmen. Gefühle sind nichts wirklich Reales, sie sind ein Bewertungsschema, das wir uns im Laufe des Lebens antrainiert haben. So betrachtet sind Gefühle deshalb reines Nichts. Wenn das stimmt, dann sind wir auch in der Lage, unsere Gefühle umzuprogrammieren und Herr unserer Emotionen und Gedanken zu werden, ob sie nun positiv oder negativ sind. Gelingt uns das tatsächlich, fällt es uns auch leichter, die Quellen eines wirklich authentischen Glücks zu finden.

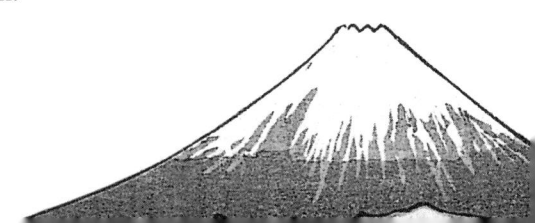

Bedingungslosigkeit – der Weg ins Nichts und wieder zurück

Die Authentizität (Ganz-Selbst-Sein), um die es dabei geht, hat viel mit Bedingungslosigkeit zu tun. Würden wir an unser Glück keine Bedingungen knüpfen, könnten wir jederzeit glücklich sein. Der Schlüssel zu dieser Bedingungslosigkeit ist die Liebe. Das ist auch die Erklärung dafür, weshalb das Thema Liebe bei allen Weisheitslehren im Mittelpunkt steht. Reine Liebe entsteht aus einer Haltung der Unvoreingenommenheit. Sie entsteht in dem Moment, in dem wir jenseits unserer üblichen Filter und Bewertungen erkennen, was ist und es zu einhundert Prozent so akzeptieren, wie es ist.

Das hört sich einfach an, ist es aber für die meisten Menschen nicht, denn selbst wenn wir meinen, aus ganzem Herzen zu lieben, schwingt häufig doch die eine oder andere uneingestandene Einschränkung mit. Doch wir können lernen, eine Haltung der Bedingungslosigkeit zu entwickeln. Deshalb ist es an der Zeit, »Liebe zu machen«.

Diese Übung wird Ihnen anfangs eventuell nicht leichtfallen, denn selbst wenn Sie an eine Person denken, der Sie sich aus tiefstem Herzen verbunden fühlen, werden Ihnen über kurz oder lang auch Eigenschaften einfallen, die Ihnen gar nicht behagen. Nehmen Sie solche Gefühlsregungen einfach zur Kenntnis – und lassen Sie sie wieder los. Mit der Zeit werden Sie feststellen, dass Ihr innerer Drang zur Bewertung nachlässt und Sie die Person immer deutlicher erkennen und annehmen, so wie sie ist. Wenn Sie schon ein wenig geübt sind, können Sie die Übung auch mit Personen versuchen, gegen die Sie vielleicht sogar eine Abneigung hegen. Dann werden Sie – etwas Geduld vorausgesetzt – die verblüffende Entdeckung machen, dass auch diese Menschen Ihnen irgendwann wie in Gold getaucht erscheinen. Genießen Sie einfach diese Momente des Glücks – wie eine Perlenkette, die Sie selbst unendlich lang werden lassen können.

ÜBUNG

LIEBE MACHEN

Setzen Sie sich bequem, aber aufrecht hin. Schließen Sie die Augen und beobachten Sie einfach, was geschieht. Beobachten Sie Ihren Atem, Ihren Körper, Ihre Gefühle – jeweils etwa eine Minute lang.

Dann stellen Sie sich eine Person vor, mit der Sie sich liebevoll verbinden wollen. Vor Ihrem inneren Auge sollte die Person in einem für Sie angenehmen Abstand vor Ihnen stehen oder sitzen. Mit jeder Einatmung nehmen Sie jetzt alles an, was diese Person ausmacht – nicht nur die angenehmen Seiten, sondern wirklich alles, also auch die Seiten, über die Sie sich vielleicht ärgern oder die Sie bisher nicht akzeptiert haben. Mit jeder Ausatmung lassen Sie Wohlwollen und Liebe zu der Person Ihnen gegenüber fließen, so, als ob Ihr Atem sie in Gold tauchen würde.

Wichtig ist, dass Sie diese Übung ohne besondere Anstrengung, also ganz sanft, machen. Sobald Sie versuchen, die Wirkung zu erzwingen, misslingt die Übung. Deshalb: Lassen Sie es geschehen – nehmen Sie beim Einatmen alles an, was sich zeigt, und lassen Sie mit dem Ausatmen die Liebe einfach strömen.

● Hören Sie zu diesem Kapitel die geführte Meditation **YOGA-NIDRA**, Track 4 auf CD.

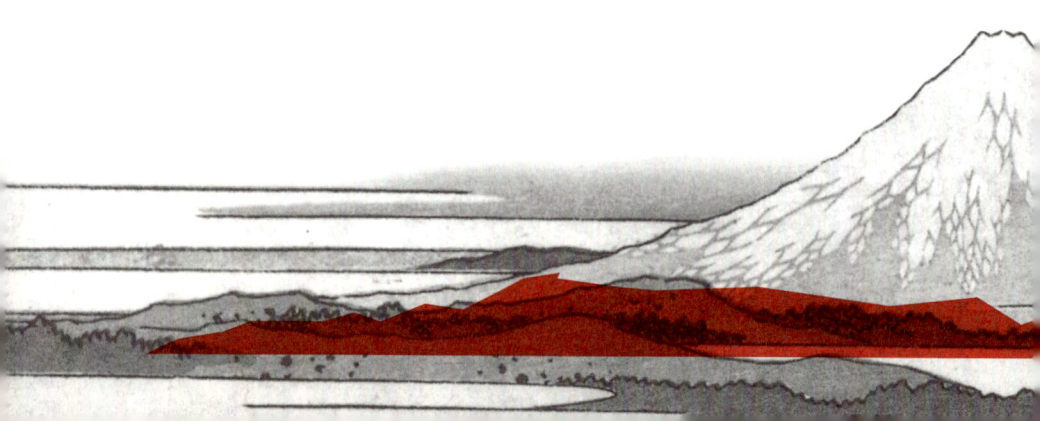

DER WAHRE BLICK

HAT EINMAL DEIN HERZ RUHE GEFUNDEN,
HERRSCHT RUHE ÜBERALL –
IM LÄRM DER STADT,
ZU DEN EMSIGEN STUNDEN,
IM TIEFSTEN, IM EINSAMSTEN TAL.
RUHM, REICHTUM, EHRE UND TANDARADEI,
DIE TRUGBILDER DES
WÄRMENDEN LICHTS,
ENTPUPPEN SICH ALS GAUKELEI –
GETRÄUMT IN DER
LEERE DES NICHTS.

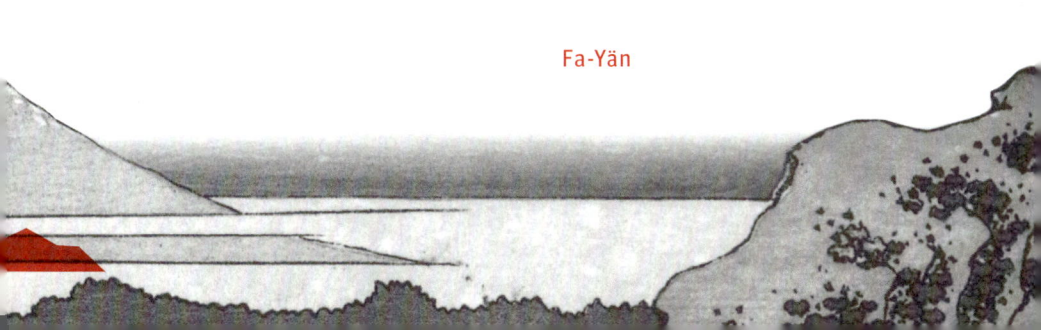

Fa-Yän

Bescheiden sein

»Ein bisschen Luxus gehört für mich einfach dazu.«

Die Befürchtung, nicht genug zu bekommen

Wir streben nach Dingen, weil wir uns vor dem N I C H T S fürchten. Wenn wir zum rechten Maß finden, weicht das Gefühl des Mangels und wir erkennen die wahre Fülle des Lebens.

Auf einer Wanderung musste Zen-Meister Shi Wu in einer Herberge übernachten. Nachts hörte er, wie ein Mann heimlich den Schlafsaal durchsuchte, und sagte zu ihm: »Da ihr euch bei Dunkelheit so sicher bewegen könnt, seid ihr wohl der magischen Künste mächtig.«
Der Fremde antwortete: »Nun, Mönch, ich bin auf der Suche nach Beute.«
»Ihr seid ein Dieb? Wie lange hält eure Freude an, wenn ihr etwas in euren Besitz gebracht habt?«, wollte der Meister wissen.
»Eigentlich nie mehr als ein paar Tage«, erklärte der Dieb, »dann muss ich erneut meinem Handwerk nachgehen.«
Meister Shi Wu wollte mehr wissen: »Aber warum stehlt ihr denn so kleine Dinge, die euch nur kurze Zeit Freude machen?«
»An die großen ist sehr schwer ranzukommen«, lachte der Dieb, »oder hast du in deinem Leben schon einmal etwas Großes geraubt?«
»Allerdings, aber nur ein einziges Mal«, antwortete der Meister.
»Danach siehst du gar nicht aus«, entgegnete der Dieb erstaunt.
Der Meister: »Und doch zehre ich davon mein ganzes Leben.«
»Dann lass' mich doch daran teilhaben«, trumpfte der Dieb auf.
Da sprang Meister Shi Wu auf, packte den Dieb und schlug mit der Hand auf seinen Brustkorb: »Das hier ist es. Ein unerschöpflicher Schatz! Versteht ihr?«

Darf ich wirklich N I C H T S haben oder besitzen, um ein Leben in Fülle zu führen? Viele Menschen fühlen sich von einem spirituellen Weg eher provoziert als angezogen. Dahinter steckt die Angst, etwas tun oder sein zu müssen, von dem wir annehmen, dass es nicht zu uns passt. Wer möchte schon gerne ein Bettelmönch sein? In der Tat ist es die große Frage, ob N I C H T S und Fülle überhaupt zusammenpassen. Vielleicht sagen Sie sich auch: »So ein Zen-Meister, der hat gut reden, der lebt in einer ganz eigenen Welt, in der die Bedürfnisse stark reduziert sind. Bei mir jedoch läuft der ganze Apparat auf Hochtouren – Beruf, Familie, Freizeitaktivitäten, Freunde. Da kann ich mich doch nicht einfach ausklinken. Und überhaupt: Jeder Mensch möchte doch ein schönes, gutes Leben haben.«

●

Haben oder Sein?
Vergebliche Kompensationsversuche

Wir sehnen uns in unserem Leben nach Fülle und nach innerer Geborgenheit und leben doch häufig in dem Gefühl, dass uns irgendetwas Wesentliches fehlt. Dann kaufen wir uns angesagte Markenkleidung, essen in Restaurants, die als absoluter Geheimtipp gelten oder wählen besonders exotische Urlaubsziele, immer in der Hoffnung, auf diese Weise den ultimativen Kick zu finden, der uns endlich die Zufriedenheit bringt, nach der wir so hungern. Doch irgendwie ist es nie genug ...

Der amerikanische Sozialpsychologe Abraham Maslow hat dieses Phänomen in seiner berühmten Bedürfnispyramide treffend beschrieben. Danach entwickeln und verfeinern sich die Bedürfnisse des Menschen immer weiter – von den essenziellen Grundbedürfnissen wie genug zu essen und ein Dach über dem Kopf zu haben bis hin zu den extravaganten Konsumwünschen unserer Gesellschaft der Individualisten. »Ich kaufe, also bin ich« ist für viele Menschen ein unausgesprochenes Lebensmotto geworden. Mit jeder neuen Erwerbung versuchen wir, die innere Leere, die wir bisweilen verspüren, zu füllen – häufig jedoch ergebnislos, denn ab einem gewissen Punkt der materiellen Sättigung stößt unsere früher einmal empfundene Euphorie über den Besitz von Dingen oder auch das Machen außergewöhnlicher Erfahrungen an ihre Grenzen. Genug ist dann nicht mehr genug. Maslow erkannte sehr genau, dass materielle Wünsche sich irgendwann gewissermaßen selbst erschöpfen und wir unseren Radius dann unbewusst erweitern, um vielleicht doch noch die Fülle zu finden, nach der wir uns so sehnen. Deshalb steht an der Spitze von Maslows Bedürfnispyramide der Wunsch des Menschen nach Selbstverwirklichung, spiritueller Erfahrung und Transzendenz.

Auf der Suche nach Ausgeglichenheit

Und tatsächlich sind in den westlichen Gesellschaften mit gehobenerem Wohlstand die Angebote an Selbsterfahrungsseminaren und spirituellen Wegen beinahe im Überfluss vorhanden. Selbst im kleinsten Dorf werden Yoga-Kurse für Anfänger ebenso abgehalten wie für Fortgeschrittene; gleich daneben befindet sich eine Ayurveda-Praxis. Und in jeder Kleinstadt werden längst schon die unterschiedlichsten Formen von Meditationen angeboten: christliche, buddhistische, indianische, hawaiianische, tibetische, nach Art der Sufis, im Stil des Zen oder ganz einfach nur jene für die Achtsamkeit. Die Möglichkeiten, Erfahrungen auf einem »inneren Weg« zu sammeln, werden von immer mehr Menschen genutzt. Für manch einen unter ihnen ist so ein innerer Weg jedoch lediglich eine neue und interessante Form des Unterhaltungskonsums. Oft ist der Wunsch nach Meditation und Stille auch »nur« die Kompensation für ein überdreht hektisches Leben. Das ist nicht etwa als Kritik gemeint. Es ist wunderbar, dass alle Menschen in der heutigen Zeit neue Erfahrungen machen können, die früher nur wenigen Auserwählten vorbehalten waren. Und doch kommen wir damit unmittelbar zu einer Auseinandersetzung mit der Essenz jedweder spirituellen Praxis. Aufgrund unserer Gewohnheiten neigen wir nur allzu leicht dazu, spirituelle Methoden als einen weiteren Weg, eine zusätzliche

Möglichkeit zu betrachten, etwas zu erreichen. Meditation hat vielfältige positive Wirkungen, die jeder rasch erfahren kann, der nur ein paar Tage Yoga übt oder sich zum Zazen, der bekanntesten Form der Sitzmeditation, zurückzieht. Diese Methoden können uns sehr bereichern und unser Leben wieder mehr in einen Zustand der Ausgeglichenheit bringen – positive gesundheitliche Wirkungen eingeschlossen. Damit folgen wir jedoch nach wie vor der konventionellen Logik des Habenwollens – frei nach dem Motto: Wenn ich nur genug Yoga mache oder eine zusätzliche, vielleicht noch viel intensivere, Meditationsmethode erlerne, bin ich irgendwann mehr zufrieden. Wir bleiben damit jedoch in der Erfahrung der Dualität. Dagegen ist natürlich nichts zu sagen, denn auch hier gilt, was Paracelsus für die Medizin sagte: Recht hat, was heilt. Eine wirklich spirituelle Erfahrung hat jedoch eine grundsätzlich andere Qualität. Sie
braucht
das
N I C H T S.
Warum?

Selbst das Beste ist nicht gut genug

Wenn wir nur nach dem Neuesten und Besten suchen, verheddern wir uns im Dilemma der Unterscheidung, denn das Neue verliert schnell seinen Charakter des Aufregenden. Was heute noch das Beste und Aktuellste sein mag, ist das Auslaufmodell von morgen. Digitale Medien sind ein deutliches Beispiel.

Die Geschichte von Meisters Banzan bringt das Dilemma, immer nur das Beste haben zu wollen, auf den Punkt.

Banzan wurde eines Tages Zeuge eines Gespräches zwischen einem Metzger und einem Kunden.
»Gib mir das beste Stück Fleisch, das du hast«, sagte der Käufer. Der Metzger war empört und erwiderte: »Ich bitte Sie! Alles in meinem Laden ist das Beste.«
Bei diesen Worten wurde Banzan erleuchtet.

Luxus ist nur ein anderer Begriff für Fülle. Doch so, wie wir ihn häufig bewerten, nehmen wir uns jede Chance, Fülle sich zu wirklicher Erfüllung entfalten zu lassen. Sobald wir zwischen gut und weniger gut unterscheiden, setzen wir den Mechanismus in Gang, der dazu führt, dass selbst das Beste nicht mehr gut genug ist.

Vielleicht mögen Sie Champagner und Kaviar und freuen sich, wenn Sie sich diesen Luxus gönnen können. Der Gedanke an Wasser und Brot hingegen löst vermutlich kaum ein Gefühl der Fülle aus. Oder vielleicht doch? Stellen Sie sich vor, Sie sind auf einer Bergwanderung, seit einigen Stunden unterwegs, haben schon viele Höhenmeter überwunden, und endlich kommt die Berghütte in Sicht, wie eine Oase in der Wüste. Gleich werden Sie dort einkehren und sich stärken können. Denken Sie in diesem Augenblick an Champagner und Kaviar? Oder erscheint Ihnen die Vorstellung, gleich ein großes Glas kühles Wasser und eine dicke Scheibe frisches Brot mit Käse aus der Almkäserei zu bekommen, hier nicht viel verlockender? Wenn Sie allerdings tatsächlich auf Kaviar fixiert sind, aber »nur« Brot bekommen, werden Sie aller Wahrscheinlichkeit nach enttäuscht sein.

Der Luxus oder der Wunsch nach Fülle ist im Prinzip auch gar nicht das Problem, eher schon unser Hang zur Unterscheidung und Bewertung. Denn überall dort, wo wir Grenzen ziehen, teilen wir die Welt ein – in richtig und falsch, in gut und schlecht, in will ich und will ich nicht. Erfüllung aber bedeutet Ganzheit, eine Ganzheit, die sich in der Welt solcher Trennungen nicht finden lässt. Denn was heute für uns gut ist, kann morgen schon schlecht sein – und sei es nur, weil wir uns dann etwas anderes herbeiwünschen, das noch besser ist. Gibt es einen Ausweg aus diesem Dilemma?

Erfüllung beginnt im Nichts

Der Verlust einer ganzheitlichen Perspektive ist zum Drama unserer Lebenswelt geworden. Erst wenn wir wieder das große Ganze erkennen, werden wir sie wieder finden. Das gilt für die Welt im Ganzen wie auch für jeden Einzelnen. Astronauten, die einmal die Erde vom Weltraum aus sehen konnten, berichten übereinstimmend von ihrer großen Ergriffenheit angesichts dieses winzigen Planeten in einem riesigen Universum. Da wird man demütig und ganz bescheiden ...

Wir verfügen über die wunderbare Fähigkeit, die ganze Fülle des Seins zu erfahren. Das geht aber dauerhaft nur, wenn wir bereit sind, das Gegenteil davon, nämlich das Nichts, in unser Sein zu integrieren. Sie werden sich vermutlich fragen: Wie kann man Nichts denken oder erfahren? Tatsächlich kann man Nichts nicht denken. Meditation führt uns jedoch zu einer Erfahrung, in der die Gegensätze aufgelöst sind und wir erkennen, wie alles (wirklich alles!) zusammenhängt. Das ist die Erfahrung von Eins-Sein oder Einheit. Denn Einheit und Nichts sind ein und dasselbe.

Während sich die meisten Menschen das Eins-Sein wünschen, wirkt der Gedanke an das Nichts für viele eher erschreckend. Sie verbinden damit die Vorstellung, das, was bisher ihr Leben ausgemacht hat, zu verlieren.

Aber was bleibt dann noch? Nun, der Geschmack des N I C H T S hat in der Tat eine revolutionäre Perspektive, denn wenn wir uns wirklich EINS fühlen mit ALLEM, was ist, hat eine Unterscheidung in »gefällt mir« und »gefällt mir nicht« tatsächlich ihre Bedeutung verloren. Weil wir dann die Fülle des Nichts in wirklich allem erkennen. Diese Einsicht zuzulassen, ist allein durch Nachdenken kaum möglich, denn unser Gehirn hat sich zur Verbesserung der Alltagstauglichkeit auf eine Struktur der Logik spezialisiert. Wie ein Computer allein auf der Basis von Nullen und Einsen arbeitet, funktioniert auch unser Denken heute weitgehend digital. Wir sind normalerweise auf ein Entweder-oder programmiert, weshalb uns ein Sowohl-als-auch eher verwirrt. Und dennoch ist es für jeden Menschen – mit ein bisschen Geduld und einiger Übung – möglich, dieses Sowohl-als-auch zu verinnerlichen, ohne das eine Erfahrung des Eins-Seins überhaupt nicht möglich ist. Das geht aber dauerhaft nur, wenn wir bereit und in der Lage sind, das Gegenteil davon, nämlich das N I C H T S, in unser Sein zu integrieren.

ÜBUNG

DIE ADLER-PERSPEKTIVE

Meist ist unsere Wahrnehmung an die Begrenztheit unseres Körpers gebunden. Doch wir sind mehr als unser Körper, nämlich das Bewusstsein als Verbindung zur Ganzheit des Universums. Das zeigt diese Übung, die Sie überall machen können, wo Sie ein paar Minuten alleine sind.

Richten Sie den Oberkörper so weit auf, dass Sie noch bequem sitzen. Die Unter- und Oberschenkel sollten im rechten Winkel sein. Schließen Sie die Augen. Nehmen Sie die Dunkelheit bewusst wahr und spüren Sie Ihren Atem. Vergegenwärtigen Sie sich, dass Ihr Bewusstsein von Ihnen gesteuert werden kann, Sie wie ein Radarstrahl jeden Bereich Ihres Körpers wahrnehmen können. Lassen Sie nun Ihr Bewusstsein zur Zimmerdecke steigen. So können Sie Ihren eigenen Körper von oben wahrnehmen. Versuchen Sie nichts zu erzwingen. Wenn es nicht gleich klappt, probieren Sie es noch einmal. Irgendwann wird es ganz leicht sein. Dann nehmen Sie Ihren Körper wahr wie etwas Fremdes, sehen, wie er unabhängig von Ihrem Bewusstsein dort auf dem Stuhl sitzt. Verharren Sie für ein paar Sekunden in der Wahrnehmung Ihres Körpers aus der Adler-Perspektive und spüren Sie, wie entspannend das ist.

Dann lassen Sie Ihr Bewusstsein langsam tiefer sinken und bringen es mit dem Körper wieder zusammen. Atmen Sie tief ein und aus und öffnen Sie dann die Augen. Sie werden Ihre Umgebung neu wahrnehmen.

● Hören Sie zu diesem Kapitel die geführte Meditation **REISE DURCH DIE GALAXIS**, Track 5 auf CD.

VERLOREN

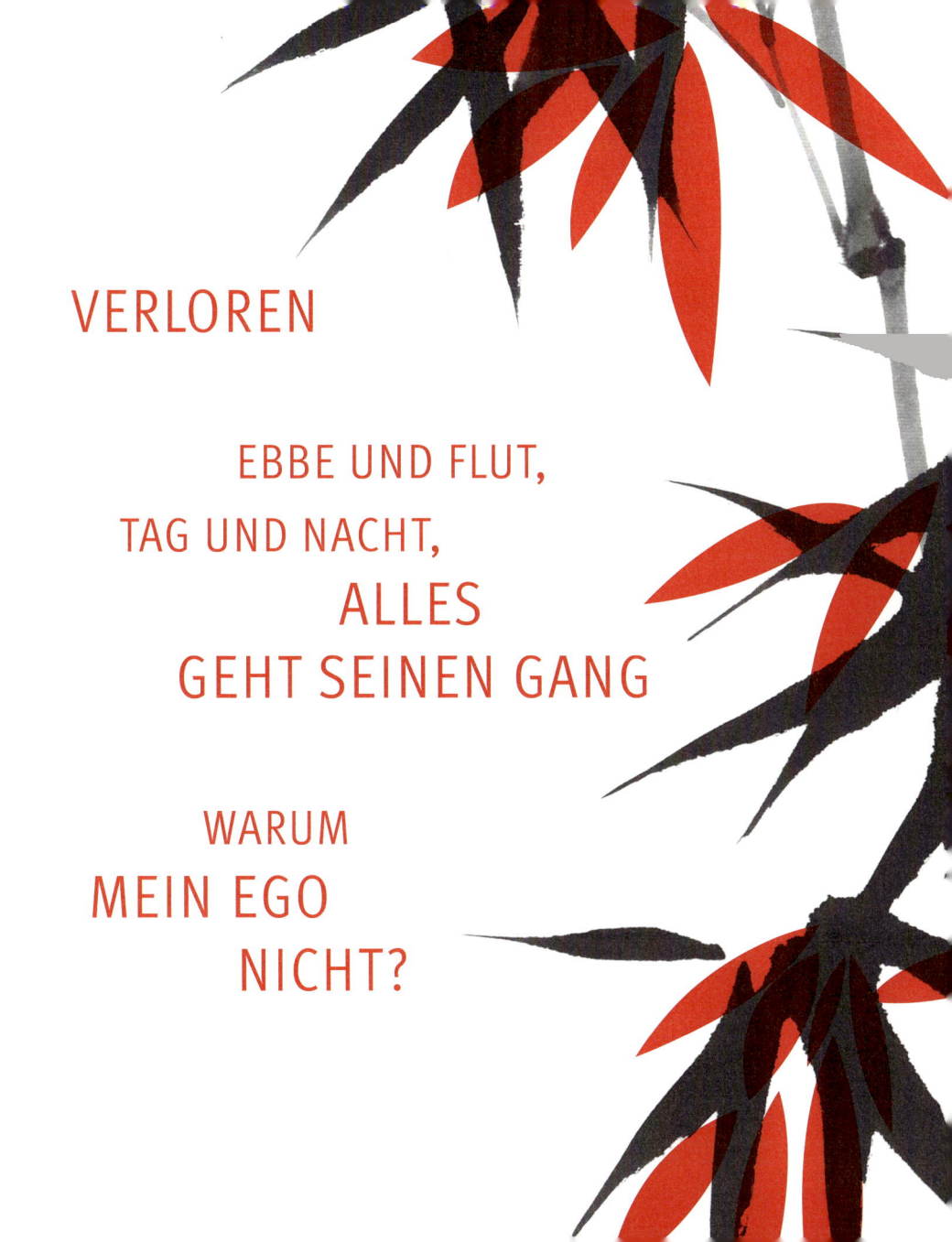

EBBE UND FLUT,
TAG UND NACHT,
ALLES
GEHT SEINEN GANG

WARUM
MEIN EGO
NICHT?

Loslassen

»Wenn ich mir
nur ordentlich Mühe gebe,
dann schaffe ich das.«

Etwas unbedingt erreichen wollen

Wir fixieren uns auf ein Ziel und verschleißen uns im Kampf gegen alle Widerstände. Wenn wir wie ein Fluss den Hindernissen ausweichen, führt unser Weg ins N I C H T S und wir erreichen ziellos unser wahres Ziel.

Ein weltlicher Würdenträger kam zum Meister Nan-in und bat darum, in die Lehre des Zen eingewiesen zu werden. Nan-in lud ihn ein, gemeinsam mit ihm Tee zu trinken. Beide nahmen Platz, Nan-in drückte seinem Gast eine Teeschale in die Hand und begann, einzuschenken. Er stoppte auch nicht, als die Schale bereits überlief.

»Halt«, rief da der Würdenträger aufgeregt, »seht ihr denn nicht, dass die Schale bereits überläuft?«

Da entgegnete ihm Nan-in lächelnd: »Ja, so ist es auch mit euch. Ihr seid übervoll mit euren Ansichten und Vorstellungen. Wie wollt ihr Zen erfahren, solange ihr nicht leer seid?«

Wo ist eigentlich unser Ich am meisten zu Hause? Manche Menschen zeigen bei dieser Frage intuitiv auf ihr Herz, andere meinen etwas vage den ganzen Körper. Tatsächlich sind jedoch die meisten Menschen dort am ehesten bei sich, wo sie denken, wo sie ihre Erinnerungen haben und glauben, ihre Gefühle wahrzunehmen: im Kopf. Wir sind fast alle sehr stark Kopf-betont und deshalb können wir uns nur schwer vorstellen, auch anders zu leben. Wir sind unentwegt damit beschäftigt, nachzudenken, zu planen, uns Sorgen zu machen, etwas erklären zu wollen, Ziele anzustreben.

Einfach in den Tag hinein zu leben, das ist in westlichen Kulturen höchstens einmal pro Jahr erlaubt, im Urlaub – eine Ausnahme eben. Von Kindheit an werden wir trainiert, den Tag, die Jahre, das Leben zu planen. Diese Form der Lebensbewältigung hat unzweifelhaft Vorteile. Sie führt dazu, dass wir etwas lernen und Verantwortung für das eigene Schicksal übernehmen. Und dennoch werden wir das ganze Leben lang immer wieder erfahren, dass sogar die intelligentesten Strategien und Pläne sich nur selten so erfüllen, wie sie gedacht waren. Seltsamerweise hindern uns diese Erfahrungen trotzdem nicht daran, ausschließlich auf dieser einen Vorgehensweise zu beharren: unser ganzes Leben zu planen.

Ich gebe mir Mühe, also bin ich

Bei diesem Versuch, das eigene Leben weitgehend zu planen, zu organisieren und damit zu kontrollieren, handeln wir uns einen Teufel ein, ohne den das Ganze nicht funktioniert. Dieser Teufel heißt »gib dir Mühe«. Er ist zum Paradigma geworden, dem wir fast zwanghaft folgen.

Für viele Menschen gilt: Alles, was mühelos erreicht wird, zählt nicht wirklich, ist nicht echt, ist nichts wert. Warum eigentlich? Wenn der Mensch wirklich frei wählen könnte, würde er sich dann tatsächlich immer Mühe geben? Sich bemühen, ist mühsam – eine Erfahrung, die nicht besonders angenehm ist. Wenn wir das Gleiche ohne Mühe erreichen könnten, wer würde dazu Nein sagen? Wer besonders großen Ehrgeiz hat, sich also ordentlich bemüht, kann in der Tat sehr viel erreichen. Der Preis dafür manifestiert sich jedoch in einer Gesellschaft, die von Druck, Stress und Burn-out geprägt ist. Aber kann man denn auch ohne Druck wirklich etwas erreichen?

Tatsächlich sind viele Menschen auf der Suche nach alternativen Wegen, ein »gutes« Leben zu führen, ohne sich dabei zu verbrennen. In Wirtschaftskreisen gilt allerdings schon allein diese Vorstellung als absurd. Die Bereitschaft zur permanenten Höchstleistung wird zur Messlatte für die Qualität von Mitarbeitern. Manche arbeiten 50 oder gar 60 Stunden pro Woche und merken nicht, wie sich ihr innerer Akku allmählich leert. Oft erkennen die so Gebeutelten erst in einer Krise, einem beruflichen Desaster oder einer ernsthaften Erkrankung, dass es sinnvoll sein könnte, sich neu zu orientieren. Schwer genug, wenn die anderen rennen und sich bis zum Umfallen verausgaben. Dabei gibt es Beweise, dass es auch anders geht. Die wichtigste Voraussetzung ist der Wunsch, Druck durch Freude zu ersetzen.

Das mindert nicht grundsätzlich den Faktor Stress. Doch an die Stelle des negativen Dys-Stress tritt, wenn wir etwas mit Freude tun, der sogenannte Eu-Stress. Diese positive Motivation kann uns mühelos zu Höchstleistungen beflügeln, ohne dass wir uns dabei verschleißen.

Tolstoi sagt: »Glück bedeutet nicht, nur Dinge zu tun, die ich gerne tue. Glück ist es, das gerne zu tun, was ich tue.« Wir sollten also überprüfen, ob das, was wir gerade tun, der Kategorie »gerne tun« zugeordnet werden kann. Oder andersherum: überlegen, wie viele Dinge wir tun und unternehmen, die wir nicht wirklich gerne tun – und obendrein nicht einmal tun müssten.

•

Auf Biegen und Brechen – kostet nur Kraft

Jede Veränderung von grundlegenden Verhaltensmustern ist unglaublich schwer. Beinahe unmöglich wird sie, wenn wir nicht mit der Wahrnehmung der eigenen Fehlprogrammierungen beginnen. Tun wir dies jedoch, werden wir feststellen, dass wir meist mit der sogenannten Push-Strategie operieren. Wir nehmen ein Ziel ins Visier und tun alles nur Denkbare, um dieses Ziel auch zu erreichen, was in vielen Fällen mit ganz erheblichen Anstrengungen verbunden ist. Die Push-Strategie ist nur das eine von zwei grundlegend unterschiedlichen

Modellen, ein gestecktes Ziel zu erreichen. Das andere ist die Pull-Strategie, die darin besteht, das angestrebte Ziel kommen zu lassen.

Das klingt natürlich verführerisch, einfach nur abzuwarten, bis das, was wir wollen, sich erfüllt. Nicht verwunderlich also, dass in den vergangenen Jahren eine ganze Reihe von mehr oder weniger sinnvollen Gebrauchsanweisungen für eine erfolgreiche Pull-Strategie auf den Markt kam. Eine der bekanntesten ist der sogenannte Wunsch an das Universum. Bei dieser Methode wird ein Wunsch in der Gegenwartsform formuliert und wie eine Postkarte an das Universum »geschickt«. Das kann tatsächlich funktionieren, allerdings nur dann, wenn mit diesem Wunsch kein Druck verbunden ist. Bei großen Wünschen ist das jedoch nahezu unvermeidlich. Der Wunsch, vor der Haustüre einen Parkplatz zu finden, erzeugt beispielsweise kaum Druck im Vergleich zum Wunsch, den idealen Partner zu finden.

Das hatte schon vor fast 700 Jahren der Prediger, Prior und Professor Meister Eckhart erkannt, als er sagte: »Mit dem Willen vermagst du alles zu erreichen, was immer das sei. Wenn es nur ein rechter Wille ist. Und ein rechter Wille der ist ich-los.« Mit anderen Worten: Bekommen was wir wollen, geht nur, wenn wir das Wollen wirklich loslassen können. Je mehr wir N I C H T S wollen, desto mehr können wir bekommen.

Für unseren Kopf ist ein solcher Gedankengang nur sehr schwer zu fassen. Er scheint jeder Logik zu widersprechen. Gehen wir allerdings davon aus, dass die Welt, das ganze Universum, alles Sein – soweit wir es wahrzunehmen vermögen – nur immer ein kleiner Ausschnitt aus der Fülle des Ganzen ist, dann wird die Aussage von Meister Eckhart schon eher verständlich.

Auch die Quantenphysik geht inzwischen davon aus, dass wir in einem Universum der vollkommenen Potenzialität leben. Das heißt, alles (wirklich alles!) ist im Prinzip vorhanden und wartet nur darauf, dass es tatsächlich real, also wirklich wird. Eine Pull-Strategie ist demnach der Versuch, die Verwirklichung von »etwas« zu ermöglichen. Dazu ist es erforderlich, alle gängigen Methoden zur Erreichung eines Ziels loszulassen. Also: nichts denken, nichts planen, nichts haben wollen, nichts sein müssen, nichts tun. Stattdessen es einfach nur zulassen.

Wenn Ziele zu Stolpersteinen werden

Wenn ein Fluss fließt, dann gibt er sich keine Mühe. Er fließt einfach nur und erreicht irgendwie sein Ziel – ob über Stromschnellen, Wasserfälle, Sumpfgelände, alles ist ihm recht. Jeder von uns kann die Erfahrung des Fließen-lassens machen – und viele haben sie sicherlich schon gemacht. Nämlich dann, wenn wir unseren Willen in seiner Dominanz einmal hinten angestellt haben.

Dann konnten wir staunend feststellen, dass scheinbar wie von selbst alles ineinandergreift. Dieses Geschehenlassen braucht letztlich mehr Mut, als sich Mühe zu geben. Denn beim Sich-Mühe-geben haben wir die Illusion, alles unter Kontrolle zu haben.

Ein solches Loslassen hat für die meisten Menschen aus dem Westen jedoch den Beigeschmack des Laissez-faire – aber genau darum geht es nicht. Wenn wir überhaupt kein Ziel haben, treiben wir durchs Leben, ohne Orientierung. Und werden folglich auch kein Ziel erreichen, sondern allenfalls von einem Zufall zum nächsten stolpern. Das ist eine legitime Lebensphilosophie, allerdings in unserer komplexen Lebenswelt häufig nicht hilfreich. Das Geschehen-lassen, um das es hier geht, ist eher vergleichbar mit einer absichtsvollen Gelassenheit – wir haben zwar ein Ziel, aber wir fixieren uns nicht darauf.

Der Zen-Meister Ta Hui beschreibt diese Haltung des Geschehen-lassens als Pfad des Nichtdenkens:

Nichtdenken heißt nicht, träge und unwissend zu sein wie Erde, Holz, Ziegel oder Stein. Es bedeutet, dass der Geist so gefasst und unerschütterlich ist, dass er in den Situationen des Lebens an nichts haftet, sondern durch und durch klar bleibt, ohne Hindernisse.

Genau diese Klarheit verlieren wir häufig, wenn wir ein Ziel ins Visier genommen haben. Und erst recht, wenn wir auf Hindernisse stoßen, denn dann neigen wir dazu, unter allen Umständen an diesem Ziel festzuhalten, selbst wenn wir noch so viel Kraft aufwenden müssen. Angenommen, Sie möchten Karriere machen und arbeiten in einem Unternehmen, in dem der unausgesprochene Kodex gilt, dass eine Wochenarbeitszeit von weniger als 50 Stunden für Führungskräfte nicht angemessen ist. Sie können dieses Spiel natürlich mitspielen. Ihr Ziel – eine bessere Position mit mehr Gestaltungsfreiheit und einem höheren Einkommen – wird Sie sicherlich in der ersten Zeit noch stark motivieren. Vielleicht legen Sie die Messlatte sogar noch höher und kommen auch am Wochenende in die Firma. Sie arbeiten immer länger, aber wirklich produktiv sind Sie längst nicht mehr. Und kurz vor der nächsten Beförderungsrunde erfahren Sie per Flurfunk, dass eine Kollegin den Zuschlag erhalten wird. Nicht, weil sie sich dem üblichen Anwesenheitszwang beugte, sondern weil sie, beflügelt durch einen Wochenendausflug mit ihren Kindern, die Idee für ein sensationelles neues Produkt entwickelt hat, dessen Markteinführung sie demnächst auch selbst übernehmen soll.

Zum Fluss werden

Wenn wir uns zu sehr auf ein Ziel fixieren, übersehen wir die Fülle an Möglichkeiten, die sich uns täglich bietet. Betrachten wir hingegen Hindernisse als Chance, zu neuer Klarheit zu finden, sind wir wie der Fluss, der zielgerichtet und unangestrengt auf natürliche Weise alle Hindernisse überwindet.

Denn bei jedem Hindernis können wir unsere ursprünglichen Pläne neu überdenken. Wir können uns zum Beispiel fragen, ob die Mittel, mit denen wir unser Ziel erreichen möchten, (noch) die richtigen sind.

Manchmal ist es auch klüger, das Ziel zu hinterfragen. Sie haben vielleicht schon drei Jahre investiert, um den nächsten großen Karriereschritt zu machen, und sind kurz vor dem Ziel. In sechs Monaten sollen Sie endlich in die zweite Führungsebene aufsteigen. Nun erfahren Sie durch Zufall, dass die Firma wahrscheinlich ihren Standort schließen wird. Sie haben die Wahl: Wollen Sie das sinkende Schiff verlassen und bei einem neuen Arbeitgeber durchstarten? Oder hoffen Sie weiter auf Ihre Beförderung – schließlich haben Sie ja lange darauf hingearbeitet. Wie Sie sich auch entscheiden: Es gibt immer Chancen und Risiken. Und häufig entpuppt sich selbst die größte aller anzunehmenden Katastrophen im Nachhinein als Glücksfall.

Der entscheidende Punkt ist jeweils derselbe: Wenn Sie sich an Ihrem Ziel festbeißen, ist der Kampf – und damit Krampf – vorprogrammiert.

So absichtslos wie ein Fluss zu sein, liegt nicht unbedingt in unserer Natur. Aber wir können lernen, loszulassen. Wir haben eine innere Dynamik in uns, die uns irgendwohin führen will. Ihr zu folgen, bedeutet, dass wir uns dem natürlichen Fluss unseres Lebens anvertrauen. Wenn es uns gelingt, die innere Dynamik zu erkennen, statt uns hartnäckig auf Ziele zu fixieren, weitet sich unser Blick für die Vielfalt unseres Lebens. Die Übung »Neue Perspektiven« kann Ihnen dabei helfen. Sie simuliert das sogenannte Rapid Eye Movement, die Bewegung der Augen im Tiefschlaf. Schlafforscher konnten nachweisen, dass das Gehirn dabei wichtige optische Eindrücke des Tages verarbeitet und relativiert. So werden Erstarrungen vermieden, und wir öffnen uns für neue Perspektiven. Wenn wir diesen regenerierenden Vorgang auch tagsüber bewusst ausführen, entsteht der gleiche Effekt: Unser Blick weitet sich für Neues, und wir kommen wieder ins Fließen.

● ÜBUNG ●

NEUE PERSPEKTIVEN

Blicken Sie nach vorn und suchen Sie sich einen Haltepunkt für Ihren Blick auf der gegenüberliegenden Wand.
Fixieren Sie diesen Punkt ohne jede Anstrengung, also weich und entspannt.
Nun lassen Sie beide Augen nach links wandern – jedoch ohne den Kopf zu drehen. Das wird vielleicht nicht immer einfach sein, weil der Kopf sich gerne mitdrehen möchte. Führen Sie Ihren Blick so weit nach links, wie es Ihnen möglich ist.
Dann wandern Sie wieder zur Mitte zurück, zu Ihrem Haltepunkt. Und nun blicken Sie nach rechts. Ohne den Kopf zu drehen, rollen die Augen so weit es geht nach rechts. Und nun wieder zurück zur Mitte.
Wenn Sie das Gefühl haben, dass Sie verspannt sind, kreisen Sie Ihre Arme und Schultern und beginnen dann erneut mit der Übung.
Sobald es Ihnen leichtfällt, die Augen nach links und rechts zu bewegen, rollen Sie sie so schnell wie möglich – etwa fünf- bis sechsmal.
Zum Abschluss pressen Sie die Augenlider für einen kurzen Moment fest zusammen, lösen sie wieder und blicken dann entspannt in die neue Welt.

● Hören Sie zu diesem Kapitel die geführte Meditation **AM FLUSS,** Track 6 auf CD.

AN DER FURT

ICH BETRACHTE DEN FLUSS
UND STÜRZE MICH
IN DIE FREMDE FLUT.
WIE MÜHEVOLL
WIRD ES MIR.
ICH GEBE MICH
GANZ DEM FLIESSEN HIN,
WAS IST NUN DER FLUSS,
BIN ICH ES?

Kraftvoll handeln

»Dieses Leben raubt mir die ganze Energie und macht mich fix und fertig«

Sich selbst zum Opfer machen

Wir leiden unter äußeren Umständen und übersehen, dass es unsere Bewertungen sind, die uns in die Enge treiben. Wenn wir uns auf das N I C H T S einlassen, das über Gut und Schlecht hinausgeht, dann schließen wir uns an unser ganz persönliches Kraftzentrum an, das uns alle Energie zur Verfügung stellt, die wir brauchen.

Ein junger Mönch wurde beauftragt, einen wichtigen Brief in das Nachbarkloster zu überbringen. An einer Brücke traf er auf einen Samurai. Dieser wurde vor einiger Zeit tief in seiner Ehre verletzt und hatte deshalb geschworen, mit einhundert Menschen, die diese Brücke überqueren wollen, auf Leben und Tod zu kämpfen. Zufällig war der Mönch der einhundertste, neunundneunzig Menschen hatte der Samurai bereits niedergestreckt.

Da der Mönch sofort erkannte, dass er den Kampf nicht gewinnen konnte, bat er, zuerst den Brief beim Empfänger abgeben zu dürfen, was der Samurai gestattete. Der Mönch berichtete dem Abt von seinem Erlebnis mit dem Samurai und bat um Rat. »Nun«, erwiderte der Abt, »da habt ihr wohl keine Chance. Und wenn ihr schon sterben müsst, dann tut es in Würde, aufrecht und in voller Achtsamkeit. Wenn ihr sein Schwert auf dem Scheitelpunkt eures Kopfes spürt, dann ist es vorbei.«

Der Mönch kehrte zu dem Samurai zurück, der ihm ein Schwert in die Hand drückte, um mit ihm zu kämpfen. Doch der Mönch blieb vollkommen entspannt stehen, um wahrnehmen zu können, wie es ist, zu sterben. Das verwirrte den Samurai. Er fiel auf die Knie nieder und rief: »Ihr habt mich besiegt, lasst mich euer Schüler sein.«

Der größte Energiefresser in unserem Leben ist die Angst. Und mit Angst ist immer auch ein Gefühl von Enge verbunden. Jeder weiß aus eigener Erfahrung, wie sehr wir uns in die Enge getrieben fühlen, wenn wir Angst haben. Wir spüren das sogar somatisch, indem wir sagen »Es schnürt mir die Kehle zu« oder »Mein Herz klopft rasend schnell«.

Wie alle unsere Gefühle hatte auch die Angst ursprünglich eine wichtige Funktion in unserem Überlebensmanagement. Sie sollte uns vor Gefahren warnen und verhindern, dass wir unüberlegt in bedrohliche Situationen stolpern. Im Laufe der Evolution scheint sich die Angst jedoch verselbstständigt zu haben. Heute hilft sie uns nicht nur, wachsam durchs Leben zu gehen – was zu begrüßen ist. Sondern sie hält uns häufig auch davon ab, dem Leben in aller Offenheit zu begegnen. Und das ist ihre negative Seite.

●

Der versteckte Wunsch nach unverbrüchlicher Sicherheit

Die Angst ist unterschwellig zur zentralen Triebfeder für das Handeln unserer ganzen Zivilisation geworden. Wir haben Angst vor allem und jedem: vor der Armut,

vor dem Alter,

vor Vorgesetzten, vor Gesichtsverlust,

vor Kränkung, vor Krankheit, vor der Technik

vor der Natur, vor dem Schicksal,

vor Kontrollverlust,

vor unseren Gefühlen, vor Enttäuschung,

vor Kritik, vor Misserfolg,

manchmal sogar vor dem Erfolg. Diese Liste ließe sich individuell beliebig ergänzen. Man denke nur daran, wie auch Hilflosigkeit sich immer wieder in Angst ausdrückt. Dabei ist es häufig so, dass Angst nicht direkt als Treiber auftritt, sondern sich gut getarnt ihren Weg bahnt. Wenn wir eine Lebensversicherung abschließen, erahnen wir unsere Angst vielleicht noch, die hinter diesem Entschluss steht. Möglicherweise rationalisieren wir sie, indem wir uns sagen: »Ich muss doch für meine Familie vorsorgen, für den Fall, dass mir etwas zustößt.« Wie verbreitet dieses vordergründige Argument ist, lässt sich daran ablesen, dass den rund 81 Millionen Menschen, die in Deutschland leben, 91 Millionen Lebensversicherungsverträge gegenüberstehen.

Aber auch die Gier oder das Bedürfnis nach Reichtum sind eindeutig von Angst getrieben, ohne dass es augenscheinlich wird. Wir glauben, wenn wir mehr Geld auf dem Konto haben, sind wir besser gegen die Widrigkeiten des Lebens gewappnet. In manchen Fällen mag dies sogar zutreffen. Doch stellen wir uns einmal vor, wir leiden unter einer unheilbaren Krankheit, gegen die selbst die besten Ärzte und neuesten Therapien nichts auszurichten vermögen. Und schon zeigt sie sich wieder, die Angst – und mit ihr die Unmöglichkeit, für alles und jedes Vorsorge zu treffen.

Der Schriftsteller Erich Kästner sagte einmal: »Seien wir ehrlich: Leben ist immer lebensgefährlich!« Das meinte er keinesfalls zynisch, denn dass unser Leben endlich ist, wissen wir alle – und verdrängen es dennoch. Damit uns diese Verdrängungskunst leichter fällt, haben wir eine Vielzahl von Mechanismen entwickelt, die uns von dieser Gewissheit ablenken sollen.

•

Irgendjemand muss schuld sein

Letztlich ist fast unser aller Leben existenziell aus den Fugen geraten. Wir haben es uns angewöhnt, die Zuständigkeit für unser Befinden auf Einflüsse von außen zu projizieren. Das geschieht immer dann, wenn wir meinen, es gäbe objektiv ein Richtig oder Falsch. Damit wollen wir uns eine gewisse Sicherheit verschaffen und die Angst, die tief in uns sitzt, mildern. Wir nähren damit eine Illusion von Stabilität und Kontinuität, obwohl wir instinktiv wissen, dass es sie nicht gibt. Doch das wollen wir nicht wahrhaben. Damit stärken wir wiederum die Angst, die uns in die Betriebsamkeit lockt, um ja nicht unsere eigenen Verwicklungen sehen zu müssen. Deshalb sind wir oft so atemlos und gehetzt, fühlen uns getrieben und ausgepowert.

Diese verdeckte Dynamik lässt sich bestens an ganz alltäglichen Verhaltensweisen erkennen. Beispielsweise könnte es Ihnen wichtig sein, sich besonders gesund zu ernähren.

Sie kaufen deshalb vor allem Bio-Produkte, weil diese weniger mit Schadstoffen belastet sind, bringen viel Gemüse aus der Region auf den Tisch und haben eventuell sogar Ihren Fleischkonsum zugunsten von mehr Fisch eingestellt. Sie geben sich also alle Mühe, das »Richtige« zu tun. Das mag in gewisser Weise vernünftig sein, schützt Sie aber nicht vor einem grundsätzlichen Dilemma: Verbraucherschutzorganisationen finden zum Beispiel regelmäßig auch in durch diverse Qualitätssiegel als unbedenklich etikettierten Lebensmitteln Schadstoffe. Wird solch ein Skandal dann aufgedeckt, sind wir wahrscheinlich zunächst verärgert, weil die staatlichen Kontrollen im Vorfeld versagt haben. Damit haben wir also den Schuldigen gefunden. Aber hilft das weiter? Letztlich machen Sie sich selbst zum Opfer, denn die Dinge sind irgendwie falsch gelaufen, obwohl Sie nun wirklich doch alles richtig gemacht haben.

Wir müssen also erkennen, dass es so etwas wie eine letztendliche Sicherheit gar nicht geben kann. Und dieser Widerspruch – vermeintlich alles richtig gemacht zu haben und irgendwann feststellen zu müssen, dass es doch falsch war – zehrt an den Nerven und kostet immense Kraft, und zwar deshalb, weil wir ihn nicht aufzulösen vermögen. Erst wenn wir in der Lage sind, alle vermeintlichen Sicherheiten loszulassen, also in das N I C H T S zu fallen, dann kann unsere persönliche Energiewende beginnen.

●

Hinter die Widerstände schauen

Ein erster Schritt ist, sich konsequent einzugestehen, dass es im Außen unseres Lebens keine absolute Sicherheit geben wird, weder in unseren Beziehungen noch in den gesellschaftlichen Werten, weder in der Natur noch in der Technik. Was bleibt dann übrig? Sobald wir uns selbstkritisch beobachten, entdecken wir zunächst ein beachtliches Chaos. Unsere Gedanken und Gefühle scheinen unsystematisch hin und her zu springen. Sogar tief in unserem Inneren scheint es keine Verlässlichkeit zu geben. Was ja auch nicht verwundert, wenn wir davon ausgehen, dass das Innen und das Außen sich wechselseitig bedingen. Unsere Kraft verlieren wir immer dann, wenn wir versuchen, den Tatsachen auszuweichen, oder anders ausgedrückt: wenn wir unsere Augen vor dem, was ist, verschließen. Deshalb zielt Zen darauf ab, dass wir weit und offen in die Welt blicken, wie die folgende kleine Geschichte illustriert.

Ein Schüler bittet seinen Meister: »Erklärt mir, wie man Erleuchtung erlangt.«
»Dazu macht ihr genau das, was ihr jeden Morgen tut, um die Sonne aufgehen zu lassen«, antwortet der Meister.
Der Schüler denkt lange über die Antwort nach und kommt zu dem Schluss, dass er nicht das Geringste dazu tut.
»Warum studieren wir dann Kalligraphie, Karate, Kendo, Bogenschießen und Blumenbinden? Wozu soll das gut sein?«, fragt er den Meister.
Dieser antwortete: »Genau dazu, dass eure Augen weit offen sind, wenn die Sonne aufgeht.«

Wenn wir unseren Gefühlen und Gedanken Beachtung schenken, ohne uns gänzlich vereinnahmen oder beherrschen zu lassen, wird die Welt viel klarer. Am besten können Sie sich davon überzeugen, wenn Sie sich mit einem Thema beschäftigen, mit dem Sie Ängste verbinden. Vielleicht machen Sie sich Sorgen, wie es in Anbetracht von Klimawandel und Wirtschaftskrise um die Zukunft Ihrer Kinder bestellt sein mag. Oder Sie haben ein ungutes Gefühl, weil bei der Arbeit nicht alles rund läuft. Nehmen Sie wahr, welche Gefühle und Gedanken in Ihnen zu dem Thema aufsteigen, das Sie gerade beschäftigt. Das ist sicher ungewohnt, eventuell auch unangenehm.

Sie werden spüren, wie Sie sich in Ihrer Haut unwohl fühlen. Nehmen Sie alle Empfindungen und Gedanken zur Kenntnis, ohne sie zu bewerten. Betrachten Sie alles, was geschieht, in dem Bewusstsein, dass Sie keine Lösung finden müssen.

Nach einer Weile werden Sie merken, wie sich die Erregung wieder legt und Sie völlig klarsehen. Alles, was Sie unruhig machte, verschwindet im N I C H T S. Allein dieses Hinschauen ist eine wunderbare Kraftquelle, denn wenn Sie alles einfach zulassen, müssen Sie keine Kraft mehr aufwenden, es zu verdrängen.

Aus der inneren Mitte heraus handeln

Von der Wahrnehmung zum Handeln ist es dann nur noch ein kleiner Schritt: etwas mit voller Power tun, in der absoluten Gewissheit, dass es das Richtige ist – ohne darüber nachzudenken. Das sind jene Momente, in denen wir an eine größere Kraft angeschlossen zu sein scheinen, an eine Energie, die offenbar in der Lage ist, unsere Urangst zu überwinden. Doch warum erreichen wir dieses Stadium nicht öfter oder sogar dauerhaft?

Tatsächlich wäre das möglich, wenn wir beschließen, unser Leben selbst in die Hand zu nehmen und künftig keine Problemlösung mehr von außen zu erwarten. Das heißt nicht, dass wir fremde Hilfe ablehnen sollen. Vielmehr sollten wir eine Art Pakt mit uns schließen:

»Ich selbst bin zuständig für alles und jedes, was mir widerfährt.« Vielleicht möchten Sie jetzt einwenden, dass es Dinge im Leben gibt, die nicht in der eigenen Verantwortung liegen. Da unser Alltag sehr komplex ist, mag dies oberflächlich auf fast alles zutreffen. Fragen Sie sich deshalb in entsprechenden Situationen, ob es Sie einer Lösung näher bringt, wenn Sie die Schuld im Außen suchen. Die Antwort wird sein: nein. Denn letztlich müssen Sie Ihr Problem immer selbst lösen.

Diese radikale Form der Selbst-Zuständigkeit ist jedoch nur möglich, wenn wir in kraftvoller Balance sind. Dafür ist Meditation das Mittel der Wahl. Hier geht es um die Konzentration auf unseren Bauch, unseren physischen Mittelpunkt – japanisch »Hara« genannt. Wenn wir uns auf einen imaginären Punkt etwa drei Zentimeter unterhalb des Bauchnabels konzentrieren, dann sind wir in unserer Mitte und damit in der Lage, kraftvoll zu handeln. Wir können uns das wie eine Verbindung an die Kraft des Universums vorstellen.

Die folgende Übung hilft, diese Kraftquelle zu aktivieren. Wenn uns bewusst ist, dass wir uns mit dem Kosmos und seiner unendlichen Kraft verbinden können, relativieren sich die Sorgen und Probleme mit unserer kleinen Welt.

● ÜBUNG ●

HARA

Setzen Sie sich bequem und aufrecht auf einen Stuhl oder in einen Sessel, die Füße stehen leicht geöffnet parallel auf dem Boden. Schließen Sie die Augen, nehmen Sie Ihr Inneres wahr.

Richten Sie Ihre Aufmerksamkeit auf den Atem, wie er an den Nasenöffnungen ein und aus strömt. Sie haben nichts zu tun, lassen Sie es einfach geschehen – beobachten Sie das Kommen und Gehen des Atems.

Nach einer Weile spüren Sie noch genauer hin und nehmen schließlich die Quelle des Atems wahr, die sich im unteren Bauch, unterhalb des Zwerchfells befindet. Spüren Sie, wie Sie einatmen, wie der Atem nach oben steigt und wie er mit dem Ausatmen wieder zur Quelle zurückkommt. Sanft und ohne Druck bleiben Sie mit Ihrer Wahrnehmung in diesem Auf- und Absteigen des Atems.

Nach einer weiteren Weile richten Sie Ihre Aufmerksamkeit nur noch auf die Quelle des Atems unterhalb des Bauchnabels. Stellen Sie sich einen richtigen Quell-Punkt vor. Wenn ablenkende Gedanken dazwischenkommen, versuchen Sie, wieder den Quell-Punkt zu finden.

Ohne besondere Eile kehren Sie nun zurück in Ihre Umgebung. Öffnen Sie die Augen und bewegen Sie Ihren Körper so, wie es Ihnen gerade behagt.

● Hören Sie zu diesem Kapitel die geführte Meditation **EIN NEUER TAG – SONNENAUFGANG AM MEER,** Track 7 auf CD.

LEUCHTENDE AUGEN.
DIE ZUVERSICHT
SPRINGT ÜBER
DEN SCHATTEN

DER ANGST.

Ernst Ferstl

Dankbarkeit pflegen

»Das Leben hat sich gegen mich verschworen«

Auf der Suche nach dem Sinn

Wir glauben, wir haben Pech, wenn die Dinge anders laufen, als wir es wollen. Wenn wir N I C H T S erwarten, können wir vermeintliche Schicksalsschläge besser annehmen und ihnen sogar eine gute Seite abgewinnen.

Der Zen-Meister war mit einem Novizen auf traditionellem Bettelgang, der an diesem Tag nicht besonders ergiebig war. Sie kamen an einem blinden Bettler vorbei, dem der Novize ein Geldstück geben sollte. Danach wollte der Junge rasch weitergehen. Der Meister hielt ihn jedoch fest und sagte: »Ihr habt euch noch nicht bei ihm bedankt!« Widerwillig verneigte sich der Junge.
Nach einer Weile jedoch platzte es aus ihm heraus: »Meister! Wir betteln selbst, und ich soll dem Bettler etwas abgeben. Obendrein soll ich mich noch bei ihm bedanken!« Der Meister lächelte ihn an: »Seid doch froh, dass wir ihm etwas geben konnten. Und außerdem: Vielleicht ist der blinde Bettler ja ein Betrüger – und wie stünden wir da, wenn wir uns nicht bedankt hätten.«

Ist es nicht erstaunlich, wie viele Menschen Geld für Glücksspiele ausgeben? Der Markt für Lotto, Toto und Spiele an Automaten ist in den vergangenen Jahrzehnten rasant gewachsen. Obwohl doch nachgewiesen ist, dass die Wahrscheinlichkeit, einen substanziellen Gewinn zu erzielen, extrem gering ist. Und das ist für jedermann sogar einsichtig, denn einen hohen Gewinn kann es nur geben, wenn es gleichzeitig eine riesige Anzahl kleiner Verlierer, nämlich die Spieler, gibt. Trotz dieser zwingenden Plausibilität und damit der Unsinnigkeit von Glücksspielen setzen Millionen Menschen ihre ganze Hoffnung auf einen Gewinn. Dahinter sind zweierlei Motive zu vermuten. Zum einen haben die meisten Menschen das Gefühl, dass Glück oder Unglück nach irgendeinem geheimnisvollen System verteilt wird. Durch ihr Investment wollen sie dieses System wohlwollend stimmen. Zum anderen denken viele, dass sie vom Leben bisher benachteiligt wurden und auf diese Weise dem Glück etwas nachhelfen zu können.

•

Ein unerwartetes Lächeln

Wenn wir nur wüssten, wie das System wirklich funktioniert, wären unsere Versuche, es zu beeinflussen, unnötig. Stattdessen sind wir oft frustriert und fragen uns: »Warum gerade ich?«
»Warum gerade das?«
In der Tat ist schwer zu verstehen, nach welchen Prinzipien sich der Lauf der Welt und der unseres persönlichen Lebens vollzieht. Vieles wirkt ausgesprochen unsystematisch, ungerecht, fast könnte man meinen: böswillig. Die menschlichen Tragödien, nicht nur jene in den dramatisch verarmten Regionen der Erde, sondern auch die um uns herum, an jedem Tag und in jeder Stunde, sind tatsächlich zahllos und scheinen niemals enden zu wollen.

Da fällt es schwer, dem Leben einen konstruktiven Sinn abzugewinnen. Andererseits geschieht immer wieder Wundervolles, wenn Menschen sich lieben, sich helfen, wenn die Sonne aufgeht, die Blumen blühen, wenn es zur rechten Zeit regnet oder wir unerwartet ein Lächeln geschenkt bekommen.

Vielleicht sollten wir versuchen, einen gemeinsamen Nenner für diese so gegensätzlichen Erfahrungen zu finden. Gemeinsam ist allem, was wir an Erfahrungen im Leben machen, die Instabilität, die permanente Veränderung. Rational wissen wir das natürlich und können diese Erkenntnis auch bestätigen. Wir wissen, dass wir uns besser darauf konzentrieren sollten, was machbar ist, statt gegen Dinge anzugehen, die Energie rauben, uns aber keine Erfüllung bringen. Nur seltsamerweise leben wir nicht danach. Wir leben vielmehr in einem dauerhaften Kampf. Wir kämpfen um das Überleben, um unseren sozialen Status, um die täglichen Annehmlichkeiten, um die Anerkennung im Beruf, um unser Recht. Und wir kämpfen gegen Krankheiten, gegen Kriminalität,

    gegen Korruption,

        gegen den Nachbarn,

            den Boss,

das Schicksal.

Freiheit, die jenseits des Kampfes beginnt

Was halten Sie von der Idee, den Kampf aufzugeben? Vermutlich werden Sie spontan denken: Ja, das wäre schön, das täte wirklich gut. Doch schon kommt das große »Aber«. Denn es geht doch nicht, die Dinge einfach laufen zu lassen! Allein die Vorstellung, die Zügel aus der Hand zu geben, hat etwas Verwegenes – ist es doch ein wesentliches Credo unserer modernen Gesellschaft, selbst der Gestalter des eigenen Lebens zu sein.

Das Leben folgt jedoch seiner eigenen Dynamik, ob wir diese nun zu ergründen vermögen oder nicht. Wenn es uns gelingt, die Geschehnisse so zu akzeptieren, wie sie sind, schmecken wir die Freiheit des N I C H T S. Wir haben dann weder Glück noch Pech, müssen weder hadern noch kämpfen, sondern sind im Einklang mit allem, was sich vollzieht. Obwohl es tatsächlich so einfach wäre, in den Fluss des Lebens einzutauchen, regt sich bei dieser Vorstellung sofort Widerstand in uns, weil wir befürchten, dass wir damit Einfluss und Kontrolle aufgeben. Wo bleibt hier der viel diskutierte freie Wille, der uns nicht nur zu unverwechselbaren Persönlichkeiten macht, sondern es uns auch ermöglicht, auf das, was geschieht, einzuwirken? Sind wir nicht zur Passivität verdammt, wenn wir alles, was sich in unserem Leben zeigt, einfach nur hinnehmen?

Der Sinn des Schicksals

Dieser Einklang, die Akzeptanz dessen, was ist, scheint in völligem Widerspruch zu stehen zu dem, was wir über das Leben zu wissen glauben. Lernen wir doch schon früh, dass jeder seines Glückes Schmied ist. Das heißt, dass wir – entsprechendes Engagement natürlich vorausgesetzt – gewissermaßen ein Anrecht auf eine glückliche Fügung der Dinge haben. Meint es das Schicksal dann einmal nicht so gut, hadern wir mit uns und dem Leben, fühlen uns betrogen und suchen bei uns oder bei anderen die Schuld für die Zumutungen, Konflikte und Schwierigkeiten, denen wir ausgesetzt sind. Dabei übersehen wir allzu leicht, dass im Unglück das Glück im wahrsten Sinn des Wortes verborgen ist.

In dem Wort Schicksal steckt das lateinische salus, Heil. Wenn wir unterstellen, dass das Schicksal, das uns widerfährt, letztlich zu unserem Heil führt, dann dürften wir uns über keine Wendung unseres Schicksals mehr ärgern. Im Gegenteil, wir müssten für alles und jedes dankbar sein. Tatsächlich können wir die Erfahrung machen, dass so mancher Schicksalsschlag rückblickend und mit etwas Abstand betrachtet sich als überaus heilsam und sogar sinnvoll erweist. Beispielsweise berichten Menschen nach einer schweren Krankheit sehr häufig von den segensreichen Veränderungen, die sie danach vollzogen haben. Sicher, mitten in einer Krise, während wir leiden und voller Abwehr sind, fällt es uns bisweilen schwer, darin einen Sinn zu erkennen. Und noch viel schwieriger wird es, für einen Kummer dankbar zu sein.

Der berühmte Psychotherapeut Victor Frankl hat die Sinnhaftigkeit jeder Erfahrung in den Mittelpunkt seiner Arbeit gerückt. Seine eigenen dramatischen Erfahrungen bestätigen seine Ergebnisse. Frankl wurde aufgrund seiner jüdischen Herkunft von den Nationalsozialisten in ein Konzentrationslager deportiert. Dort hat er beobachtet, dass sich die Überlebenschancen der Insassen deutlich erhöhten, wenn sie sich auch unter den schwierigsten Umständen eine positive Haltung bewahren konnten. Auf diese Weise hat auch Viktor Frankl überlebt.

Davon auszugehen, dass alles im Leben sein Gutes hat, auch wenn uns dies in Anbetracht extremer Lebensumstände mitunter grausam erscheinen mag, ist eine sehr entlastende Haltung. Sie ist wie eine sich selbst erfüllende positive Prophezeiung. Dabei geht es nicht darum, uns Dinge schönzureden oder negative Gefühle zu verdrängen, im Gegenteil. Wenn wir unseren Schmerz zulassen, ohne bei ihm zu verweilen, können wir erkennen, dass es immer auch etwas gibt, das über ihn hinausweist – im Kleinen wie im Großen.

Bei Kindern erleben wir, wie dramatisch auch leichte Verletzungen für sie sein können, die Tränen fließen. Doch schon kleine Gesten der Zuwendung und des Trostes von Mama oder Papa vermitteln das Gefühl, dass alles wieder gut ist. Das Kind erfährt in diesem Augenblick Liebe und Geborgenheit, was seine Entwicklung beeinflussen und sein Leben positiv prägen wird.

Oder stellen Sie sich vor, dass Sie mit einer Person, die Ihnen sehr nahesteht, in einen heftigen Streit geraten. Vielleicht wurden Sie harsch kritisiert und fühlen sich zutiefst verletzt. Was könnte daran schon positiv sein? Nun, wenn ein Mensch Sie so verletzen kann, wird er Ihnen viel bedeuten. Das allein ist schon ein Geschenk! Und wenn Sie in Ruhe über die Inhalte des Streits nachdenken, werden Sie sich vielleicht eingestehen, dass das eine oder andere an der Kritik berechtigt ist. Eine wunderbare Gelegenheit zu wachsen und Ihrem wahren Kern ein Stückchen näher zu kommen.

Ein Leben in Fülle

Eine wichtige Voraussetzung für das Funktionieren einer solchen Haltung ist die eigene Wertschätzung. Wenn wir das Gefühl haben, dass wir es nicht wert sind, Glück zu haben, anerkannt oder akzeptiert zu werden, dann wird es schwer sein, in unserem Leben einen positiven

Sinn zu finden. Der deutsche Philosoph und Prediger Meister Eckhart hat das in einem schönen Bild beschrieben: Er vergleicht Gott mit einem Arzt, der dem Patienten einen Finger nicht abnimmt, um ihm wehzutun oder zu schaden, sondern um den ganzen Menschen zu retten. Dabei ist Gott für Eckhart nicht irgendeine Person, die für uns über Gut oder Schlecht entscheidet, sondern eine innere Instanz in uns, die uns Menschen göttlich macht. Das ist das Urvertrauen, auf dem wir aufbauen können, das uns die Stärke verleiht, mit der wir Krisen überwinden und viele Probleme lösen können.

Genau darum geht es. Im Zen heißt es, jeder Mensch, jedes Wesen hat die Buddha-Natur, was bedeutet, dass wir bereits erleuchtet sind – es aber nicht (mehr) wissen. Im Christentum erfahren wir mit anderen Worten das Gleiche: Jeder Mensch ist ein Kind Gottes und damit der unendlichen Liebe verbunden.

Wenn das so ist, wozu müssen wir dann auf irgendetwas hoffen? Denn hoffen heißt nichts anderes, als etwas zu erwarten, das uns vermeintlich nicht zusteht. Alle Weisheitslehren sagen jedoch genau das Gegenteil. Wir sind nicht Almosenempfänger eines wirren Schicksals, eines unergründlichen Gottes oder von Buddhas Erleuchtung, sondern wir sind sozusagen erbberechtigt auf ein Leben in Fülle. Vermutlich lesen und hören wir so etwas gerne.

Allerdings wissen wir auch, dass zwischen Anspruch und Wirklichkeit häufig eine große Lücke klafft. Dennoch ist ein Brückenschlag möglich, und er ist sogar relativ einfach. Das Schlüsselwort heißt Dankbarkeit. Wenn wir es schaffen, Dankbarkeit zur Grundhaltung unseres Lebens zu machen, wird unser Leben freudvoller. Es wird mit der Zeit immer weniger notwendig sein, für oder gegen etwas zu kämpfen, weil alles Sinn macht und wir das mit Dankbarkeit anerkennen können.

Die folgende Dankbarkeits-Übung ist, insbesondere dann, wenn es um Erlebnisse geht, die wir als besonders negativ bewerten, sehr herausfordernd. Vielleicht regen sich anfangs erhebliche Widerstände. Doch je häufiger Sie die Übung machen, desto näher kommen Sie der Freiheit des Nichts, denn Ihre Aufmerksamkeit verlagert sich immer mehr vom inneren Widerstand hin zu dem Sinn, der in allen Begebenheiten verborgen sein kann.

DANKBARKEIT PFLEGEN

ÜBUNG

ICH DANKE DIR

Nehmen Sie sich einmal vor, eine Woche lang ein Experiment zu machen, nur eine Woche lang. Und danach ziehen Sie Bilanz. Bei diesem Experiment haben Sie nichts zu verlieren – im schlimmsten Fall ändert sich einfach nichts.

Sie geben der Dankbarkeit eine innere Stimme. Diese lassen Sie sprechen, wann immer Ihnen etwas begegnet oder widerfährt, das Ihnen nicht behagt oder das Sie sogar ablehnen. In einem solchen Moment sagt die innere Stimme: »Ich danke für diese Begegnung mit ...«. Sagen Sie es, auch wenn es Ihnen erst einmal schwerfällt. Denken Sie einfach daran: Nicht Sie sagen das, sondern Sie lassen die innere Stimme der Dankbarkeit sprechen. Versuchen Sie immer wieder, in unerwünschten Situationen zu danken.

Damit sich die Wirkung entfalten kann, braucht es schon ein paar Tage Übung. Was wir über Jahre falsch programmiert haben, lässt sich nicht in ein paar Stunden revidieren. Es ist lediglich ein Spiel – und das spielen Sie einfach.

● Hören Sie zu diesem Kapitel die geführte Meditation **LASS' DICH GEHEN – SONNENUNTERGANG AM MEER,** Track 8 auf CD.

**DAS GLÜCK
TRÄGT FRÜCHTE.
DIE GELASSENHEIT
WURZELT
IN DER
DANKBARKEIT.**

Ernst Ferstl

Mitgefühl entwickeln

»Mir geht es ja so schlecht«

Im Ego-Tunnel feststecken

Wir sehen oft nur unser eigenes Leiden und schneiden uns damit von der Welt ab. Wenn wir unser Herz für andere öffnen und ihnen dieselbe Anteilnahme entgegenbringen wie uns selbst, verliert sich unser Schmerz im N I C H T S.

Der Arzt Dr. Lu Dan kam zum Meister Nan Quan und konfrontierte ihn mit folgender Geschichte: »Es war einmal jemand, der ein Gänseküken in einer großen bauchigen Glasflasche aufzog. Es dauerte nicht lange, und aus dem kleinen Küken war eine stattliche Gans geworden. Ihr Hals ragte aus der Flasche heraus, während ihr Rumpf vom Glaskörper umschlossen und gefangen war. Die Gans war inzwischen zu groß und zu dick geworden, um sich durch die Flaschenöffnung ins Freie zu ziehen.« Nan Quan hörte sich die Geschichte mit unbewegter Miene an. Schließlich fragte Dr. Lu Dan: »Wie kann man die Gans herausbekommen, ohne sie zu töten oder die Flasche zu zerstören?«
»Dr. Lu Dan!«, rief da der Meister mit lauter Stimme.
»Ja?«, fragte dieser irritiert.
Nan Quan blickte ihm tief in die Augen und sagte: »Los, kommt heraus!«

Es gibt Probleme, die sich scheinbar nicht lösen lassen, es sei denn durch enormen Aufwand oder durch eine Entscheidung, die uns nicht wirklich behagt. Jeder kennt das, und in solchen Situationen fühlen wir uns häufig ziemlich mies. Es ist ein Stück Hölle, weil es keinen Ausweg zu geben scheint. Weder können wir die Situation so akzeptieren, wie sie ist, noch fühlen wir uns in der Lage, das Problem, an dem wir uns reiben, irgendwie zufriedenstellend zu lösen. Besonders in Beziehungskrisen ist diese missliche Lage weit verbreitet. Beide Seiten sind dann mehr mit der Wahrnehmung dessen, was sie verletzt, und dem Beschreiben und Verurteilen der Schwierigkeiten befasst, als damit, eine konstruktive Lösung zu finden. Jede Entscheidung, egal ob Trennung oder Zusammenbleiben, erscheint gleich wenig attraktiv, bisweilen sogar inakzeptabel.

Die unangenehme Spannung, die mit solchen Situationen verbunden ist, entsteht durch das Gefühl des Weder-Noch. Zwischen Baum und Borke stecken, wie der Volksmund sagt, kennen wir vermutlich alle – aus eher banalen Situationen des Alltags ebenso wie aus dem Berufsleben. Die tiefe Frustration darüber, dass wir uns zu keiner Entscheidung durchringen können, hat einen sich selbst verstärkenden Effekt. Denn wir reagieren dann leicht gereizt, genervt oder mit Abwehr auf unsere Umgebung – und es ist nicht erstaunlich, dass unsere Mitmenschen uns das Gleiche widerspiegeln.

●

Ich Ich Ich

Wir sind häufig so sehr mit der vermeintlichen Unlösbarkeit unserer eigenen Probleme beschäftigt, dass wir »dicht« machen und uns in einer Selbstbespiegelung verlieren. Manche Menschen verfallen in Selbstmitleid über ihre als schwierig empfundene Lage und ziehen sich immer mehr zurück, andere beginnen, sich zu hassen, wieder andere suchen Entlastung, indem sie den Partner, den Chef oder ihre Umgebung zu Schuldigen erklären. Doch nichts davon hilft weiter. Es sind lediglich Versuche einer Kompensation, Anzeichen dafür, dass wir uns ausschließlich um uns selbst drehen.

Das Ich ist vom Prinzip her eine sehr sinnvolle Entwicklung der Evolution, da es uns letztlich erst zum Menschen mit Selbstbewusstsein gemacht hat. Die geistige Entwicklung der vergangenen 300 Jahre jedoch zeigt, dass wir uns zunehmend vom Wir zum Ich entwickelt haben, euphemistisch Aufklärung oder – im heutigen Sprachgebrauch – Persönlichkeitsentwicklung genannt. Wer heute als Lehrer oder Lehrerin Grundschüler unterrichtet, kann diese Entwicklung besonders drastisch erleben, wenn in einer Klasse statt 30 Kindern 30 Prinzessinnen und Prinzen residieren, die alle darauf bedacht sind, das größte Stück des Kuchens abzubekommen.

Doch bleiben wir ruhig bei uns selbst. Wie schaffen wir es, unser Ich wieder als ein Instrument einzusetzen, das uns hilft, ein erfülltes Leben zu führen? Was können wir tun, um ein Gefühl des Miteinander wieder schätzen zu lernen? Dazu ist es erforderlich, die Ich-Dominanz zurückzunehmen oder sie zumindest zu reduzieren.

Allein im Ego-Tunnel

Das Bild vom »Ego-Tunnel« des Philosophen Thomas Metzinger beschreibt interessante Lösungsansätze. Wenn wir uns einmal vorstellen, dass vor der Einfahrt zu diesem Tunnel ein großes Schild steht mit der Aufschrift »Ich Ich Ich«, dann ahnen wir schon, wohin die Reise führt. Unreflektiert und mit hoher Geschwindigkeit sausen wir in den Tunnel hinein – und wundern uns, dass wir plötzlich ganz allein sind in einer großen Dunkelheit. Um im Bild zu bleiben: Eigentlich sollte das Ich nur die Lok sein, die gesteuert wird. Nicht der Lokführer selbst oder die Bahn- oder Betreibergesellschaft. Aber dieses Ich hat sich wie eine Geister-Lok verselbstständigt und fährt, wohin es will. Es gibt keinen Lokführer mehr, keine Instanz, die ihr die Richtung vorgibt und sie lenkt. So bleibt es nicht aus, dass diese führerlose Lok irgendwann im Tunnelsystem stecken bleibt.

So ungefähr ist das, wenn unser Ego, das Ich, der Mittelpunkt unseres Seins geworden ist. Wir sind dann nicht mehr in der Lage, die Welt so zu sehen, wie sie ist, sondern nur noch mit unserem »Tunnelblick«, nämlich allein aus unser Ego-Perspektive. Der Tunnel wird dann zu unserem selbst gemachten Gefängnis.

Diese Situation ist vergleichbar mit der Situation der Gans in der Flasche, die Sie aus der Geschichte am Anfang des Kapitels kennen.

In Wirklichkeit ist die Sache allerdings noch dramatischer, weil es nicht um irgendeine Gans geht, sondern um uns selbst. Wir stecken in einem solchen Tunnel oder Gefängnis und haben keine Vorstellung, wie wir wieder herauskommen. Ein in der Tat großes Problem.

Doch wie immer, gibt es auch hier zwei grundsätzlich gegensätzliche Lösungsansätze: Entweder wir akzeptieren die Situation so, wie sie nun einmal ist, und arrangieren uns mit der Dunkelheit um uns herum, bleiben also im Tunnel. Oder wir machen uns auf, das Problem zu lösen, indem wir versuchen, den Ausgang des Tunnels zu finden. Das Lösungsprinzip ist immer das Gleiche: Je länger wir uns vor einer Entscheidung drücken, desto mehr steigern wir unser Problem, das uns unlösbar scheint, ins Unendliche. Hätten wir eine Instanz in uns, die sagt, dass wir sehr wohl in der Lage sind, uns zu befreien, dass es einen Ausgang aus dem Tunnel gibt, noch dazu einen, der zu einem erfüllten Leben führt, nach dem wir uns so sehr sehnen, dann würde es uns sicher sehr viel leichter fallen, uns auf den Weg zu machen. Diese Instanz, die wir Nicht-Ich nennen können, gibt es tatsächlich. Sie zeigt sich am Ausgang des Tunnels. Dort steht ebenfalls ein Schild, und darauf steht »Du bist Ich«. Im Sanskrit gibt es den berühmten Satz, der gerne auch als Mantra gesungen oder rezitiert wird (Übung Seite 101), »tat twam assi«, sinngemäß »Das Ich spiegelt sich im Du – und umgekehrt«.

Am Anfang steht jedoch die Entscheidung, nicht länger in Tunnel feststecken zu wollen. Deshalb sollten wir beginnen, uns wieder nach außen zu orientieren, uns auf unsere Mitmenschen zuzubewegen. In dem Moment, in dem wir unsere Verbundenheit mit dem Nächsten erneut entdecken, wird unser Ego weich und durchlässig. Warum wohl umgeben wir uns lieber mit Menschen, die uns zeigen, dass sie in der Lage sind, mit uns zu fühlen, die sich für uns interessieren? Solche Fähigkeiten zur Empathie entwickeln sich von selbst, ohne unser Zutun, sobald wir uns auf den Lichtstrahl am Ende des Tunn konzentrieren. Damit ist keineswegs die Auflösung des Ichs gemeint. Das Ich brauchen wir, wie die Bahngesellschaft die Lok braucht. Es geht vielmehr darum, zu erkennen, dass das Ich zwar der Antrieb ist, aber nur eine dienende Funktion haben sollte. Ohne das Du wäre das Ich letztlich nur eine trostlose Ego-Maschine.

Die Sehnsucht nach dem Eins-Sein

Im sogenannten Paradies waren wir noch ohne Selbst-Bezogenheit. Statt in dem heute meist üblichen abgesonderten Ich zu leben, waren wir vollkommen mit dem Ganzen verbunden. Dieses absolute Eins-Sein muss eine großartige Erfahrung gewesen sein, die wir tief in uns als genetische Erinnerung gespeichert haben und nach der wir uns so sehr sehnen. Das Ende des Paradieses begann mit der Entwicklung des Bewusstseins, die eine Trennung in Ich und Du mit sich brachte. Erst seither steht das Ich-Bewusstsein im Vordergrund und damit die Abtrennung vom Ganzen, die unsere duale Welt heute durchgängig kennzeichnet. Dennoch wünschen wir uns die wunderbare Erfahrung des paradiesischen Eins-Seins. Viele große Denker weisen uns dafür den Weg. »Du musst für den anderen leben, wenn du für dich selbst leben willst«, rät etwa der römische Philosoph Seneca. Und der deutsche Schriftsteller Hermann Hesse empfiehlt: »Lernen Sie eine Zeit lang, mehr an andere als an sich selber zu denken! Es ist der einzige Weg zur Heilung.«

Doch warum fällt uns genau dies so schwer?

Die duale Welt unseres Alltags scheint unserem Bedürfnis zuwiderzulaufen, was dazu führt, dass wir in ihr die Erfahrung von Einheit und Eins-Sein nicht wirklich machen können – obwohl wir doch alles dafür tun. Kommunikation beispielsweise ist ein Versuch, eine Verbindung zwischen Menschen herzustellen, die auf Einheit zielt, ebenso die körperliche Liebe oder alle denkbaren Formen von Zusammenschlüssen, gleichgültig ob Familie, Facebook-Gemeinschaft, Sportverein, Hobbyclub oder Literaturzirkel. Doch solange wir die Verbundenheit allein im Außen suchen, sind wir zum Scheitern verurteilt.

Stellen Sie sich vor, ein Freund oder eine Freundin erzählt Ihnen von einem Problem. Sie hören es sich an, sind wahrscheinlich berührt davon und versuchen, sich in Ihr Gegenüber hineinzuversetzen. Aber können Sie die Welt wirklich mit den Augen des Freundes oder der Freundin sehen? Wahrscheinlich nicht. Um herausfinden, wie sich das Problem anfühlt, stellen Sie sich nämlich unbewusst ähnliche Situationen aus Ihrem eigenen Leben vor – und schon tappen Sie in die Falle. Sie sind mit Ihrer Aufmerksamkeit nicht mehr voll und ganz bei dem Menschen, der Ihnen gerade sein Problem anvertraut, sondern bei sich selbst!

Wirkliche, absolute Einheit ist in der dualen Welt nicht möglich. Um dennoch diese Erfahrung machen zu können, ist es notwendig, in einen Modus des N I C H T S zu kommen. Dieser Nichts-Modus meint: nichts wollen, nichts müssen, nichts wissen, nichts sein. Diesen Zustand, der mit Meditation und etwas Geduld und Übung für alle Menschen zu erreichen ist, nennen wir Erleuchtung oder: Ende des Tunnels.

●

Es ist, wie es ist

Um es noch einmal zu wiederholen: Jede Problemlösung beginnt mit einer Entscheidung. Entweder akzeptieren wir die Situation, wie sie ist, oder wir versuchen, das Problem anzugehen. Im Zen steht »Es ist, wie es ist« im Vordergrund. Das hat nichts mit Gleichgültigkeit zu tun, im Gegenteil, es ist das vollkommene Sich-öffnen für alles und jedes – und damit auch für den Nächsten.

Auf diese Weise entsteht wahres Mitgefühl, nicht etwa wie beim Mitleid von oben nach unten, sondern zwischen zwei Herzen.

Probieren Sie es einfach aus. Sicherlich fällt Ihnen eine Situation ein, in der Sie schon einmal zutiefst verletzt wurden. Vielleicht hat Sie eine Ihrer besten Freundinnen recht undiplomatisch damit konfrontiert, dass ihr etwas an Ihrem Verhalten missfällt. Oder Ihr Chef hat Sie wegen eines Fehlers, den Sie gemacht haben, kritisiert, und das womöglich vor versammelter Mannschaft. Der Schmerz fährt Ihnen tief ins Mark. Auch wenn Sie vielleicht versuchen, ihn durch Wut oder andere Abwehrreaktionen zu kompensieren. Bleiben Sie nun ganz bei der Person, die Sie verletzt hat. Sie können das unliebsame Zusammentreffen noch einmal vor Ihrem inneren Auge Revue passieren lassen. Nehmen Sie die Situation unvoreingenommen wahr.

Selbst wenn Sie sich enorm anstrengen, wird Ihnen dies wahrscheinlich nicht gelingen. Entweder tritt sofort wieder der einst empfundene Schmerz in den Vordergrund – ICH wurde verletzt. Oder Sie empfinden, weil Sie diesen Schmerz vermeiden möchten, sofort Wut – ICH wurde ungerecht behandelt! Es erscheint fast aussichtslos, sich einfach nur für das, was ist, zu öffnen, ohne emotional zu reagieren.

Dieser natürliche Reflex zeigt, dass es uns schon zur zweiten Natur geworden ist, die Trennung zwischen dem Ich und dem Du konsequent aufrechtzuerhalten – selbst wenn wir das Gegenteil beabsichtigen. Unser Denken macht uns einen Strich durch die Rechnung. Und weil dies so ist, kann es hilfreich sein, über das Denken hinauszugehen und auf einer anderen Ebene – gewissermaßen auf neutralem Terrain – einen neuen Zugang zur Erfahrung der Einheit herzustellen. Sobald wir beginnen, uns von der Ich-Bezogenheit zu lösen, öffnet sich uns unwillkürlich der Weg zum Mitgefühl.

● **ÜBUNG** ●

TAT TWAM ASSI

Aus der spirituellen Tradition Indiens kennen wir eine Meditationstechnik, die ausgesprochen wirksam und dennoch leicht ist. Dabei werden Silben, Wörter oder ganze Sätze beständig gesungen, gesprochen oder gedacht.

Eines der berühmtesten dieser sogenannten Mantras sollten Sie unbedingt ausprobieren. Es heißt »tat twam assi«, sinngemäß »Das Ich spiegelt sich im Du – und umgekehrt« oder vereinfacht übersetzt »Das ist Du«. Versuchen Sie, »tat twam assi« fortwährend in Ihrem Geist zu wiederholen, bis es ein gleichförmiges Fließen wird. Das anhaltende Wiederholen führt zu einer Beruhigung des Geistes, und – speziell bei diesem Mantra – zu einer Verbindung mit unserem Gegenüber in einer unbewussten, aber sehr konstruktiven Weise.

Es ist nicht notwendig, sogar eher ungünstig, über den Sinn und die Bedeutung dieses Mantras nachzudenken.

MITGEFÜHL ENTWICKELN

● ÜBUNG

VON HERZ ZU HERZ

Das Symbol der Liebe und Verbundenheit ist in nahezu allen Weltkulturen das Herz. Wenn wir uns von Herz zu Herz mit einem Menschen verbinden, können wir auf unmittelbare Weise Mitgefühl entwickeln, weil dann die von uns künstlich gezogenen Grenzen zwischen »Ich« und »Du« auf natürliche Weise fallen.

Setzen Sie sich bequem und mit aufgerichtetem Rücken auf einen Stuhl oder auf ein Kissen. Vergegenwärtigen Sie sich eine Person, mit der Sie sich verbinden möchten. Stellen Sie sich nun vor, wie Sie mit der Einatmung Ihr Gegenüber in Ihren Herzraum hineinnehmen und mit der Ausatmung wieder vollkommen loslassen. Wiederholen Sie diesen Prozess einige Minuten lang absichtslos und ohne etwas erzwingen zu wollen. Beobachten Sie einfach, was geschieht.

Wenn Sie an eine Person denken, zu der Ihr Verhältnis unbelastet ist, wird Ihnen die Übung leichtfallen. Regen sich Widerstände gegen die Person, werden sich diese vermutlich zeigen. Setzen Sie die Übung dennoch gelassen fort.

Nach einiger Zeit wird sich Ihre Haltung zu Ihrem gedachten Gegenüber verändern. Sie werden vielleicht nachsichtiger, sind eher geneigt, auch die positiven Eigenschaften wahrzunehmen. Sie werden auf sehr elementare Weise spüren, wie sich die Trennung zwischen Ihnen und der gedachten Person aufzulösen beginnt. Sie werden eins und können aufrichtiges Mitgefühl empfinden.

● Hören Sie zu diesem Kapitel die geführte **BAUM-MEDITATION,** Track 9 auf CD.

DER
PFLAUMENBLÜTENZWEIG
GIBT SEINEN DUFT
DEM, DER IHN
BRACH.

Chiyo-ni

Frei sein

»Ich muss,
ich soll,
ich darf nicht«

Von der Sehnsucht nach Gewissheit

Wir klammern uns an Werte und Konventionen, weil sie uns scheinbar Halt geben. Dabei verstricken wir uns immer mehr in einem Netz, das wir selbst erzeugen. Wenn wir den Mut haben, ins N I C H T S zu springen, dürfen wir alles und müssen nichts – und sind wirklich

frei.

Vor langer Zeit zog in Japan eine marodierende Truppe durch das Land und wollte auch ein abseits gelegenes Kloster überfallen. Als die Mönche davon erfuhren, flohen sie in die Berge. Nur der alte Abt blieb zurück. Er meditierte im Tempel, als die Soldaten eindrangen. Sie wunderten sich, dass dieser sonderbare Alte nicht geflohen war, und informierten ihren General.

Dieser suchte den Abt auf und fuhr ihn an: »Wisst ihr nicht, dass ich derjenige bin, der Euch, ohne mit der Wimper zu zucken, töten lassen kann?«

Der Abt entgegnete: »Und wisst ihr nicht, dass ich derjenige bin, der sich, ohne mit der Wimper zu zucken, töten lassen kann?«

Tief beeindruckt verneigte sich daraufhin der General und rief: »Ihr habt gewonnen. Wir verlassen das Kloster, ohne es zu plündern!«

Wann haben Sie eigentlich zum letzten Mal etwas Verbotenes getan? Es kann sein, dass Ihnen spontan ein derartiges Erlebnis einfällt, vielleicht brauchen Sie aber auch ein wenig Zeit zum Nachdenken, bis Sie fündig werden. Es ist ziemlich unwahrscheinlich, dass wir Menschen ohne Überschreitung von Spielregeln durch das Leben kommen. Dabei geht es noch nicht einmal um die großen Verfehlungen, es sind vielmehr die kleinen Ungenauigkeiten, mit denen wir uns über die Runden helfen. Vielleicht haben Sie bei Rot die Straße überquert, bei der Steuererklärung ein wenig gemogelt oder es stillschweigend hingenommen, wenn Sie an der Kasse im Supermarkt zu viel Wechselgeld zurückbekommen haben.

•

Von Tabus und der Wahrheit hinter den Regeln

Untersuchungen belegen immer wieder, dass wir es, selbst wenn wir die redlichsten Absichten haben, mit der Wahrheit immer wieder nicht ganz so genau nehmen. Falls Sie also bei einem der obigen Beispiele genickt haben: Sie sind nicht etwa eine unrühmliche Ausnahme. Wissenschaftler haben herausgefunden, dass sogar im Tierreich fleißig mit Lug und Trug operiert wird. Bei manchen Tierarten täuscht zum Beispiel das Männchen eine Gefahrensituation vor, um auf diese Weise seine Rivalen auszustechen. Bei vielen Gerichtsprozessen zeigt sich, wie relativ die Wahrheit ist. Je tiefer man in die Geschichten der Beteiligten eindringt, desto unmöglicher wird es manchmal, herauszufinden, wie sich ein Fall wirklich zugetragen hat. Deshalb wird von einem Richter letztlich auch nicht erwartet, dass er die ultimative Wahrheit findet, sondern dass er beurteilt, inwieweit gegen allgemein gültige gesetzliche Normen verstoßen wurde.

Bei allem, was wir als richtig und falsch bezeichnen, was wir als Recht und Unrecht ansehen, was als moralisch oder unmoralisch gilt, handelt es sich immer um kulturell bedingte menschliche Verabredungen. Diese sind in der Tat erforderlich, um das Zusammenleben in Familien, Gruppen, Gesellschaften und Völkern zu ordnen und verlässlich zu organisieren. Mehr auch nicht. Diese Ordnungsprinzipien sind letztlich nichts anderes als Spielregeln.

Warum ist es so wichtig, sich das immer wieder zu vergegenwärtigen?

●

Die eigenen Programmierungen erkennen

Nicht nur im Außen, in unserem sozialen Umfeld, gibt es solche Regeln. Auch unser inneres Wertesystem ist davon durchdrungen. Von Kindesbeinen an lernen wir – abhängig von der Kultur und der sozialen Umgebung, in der wir aufwachsen – was wir zu tun haben oder was wir besser lassen sollten. Wir programmieren uns mehr oder weniger bewusst mit diesen offiziellen Spielregeln, vor allem aber speichern wir weitgehend unbewusst eine große Fülle von Regeln und Mustern, von denen wir denken, dass sie für unser Leben wichtig sein könnten. Spätestens ab dem dritten Lebensjahrzehnt sind wir weitgehend »durchprogrammiert«, haben unser geistiges Terrain und unseren Handlungsspielraum ziemlich genau festgelegt und uns in unserem Wertesystem häuslich eingerichtet. Das hat den Vorteil, dass wir bei vielen Handlungen und Entscheidungen nicht mehr lange nachdenken müssen, was zu tun ist. Unser inneres System hat das schon festgelegt. In der Neurowissenschaft ist diese desillusionierende Erkenntnis inzwischen belegt. Wir handeln vermeintlich aus einem freien Willen heraus, tatsächlich jedoch hat das Gehirn in Bruchteilen von Sekunden die Entscheidung bereits auf neuronaler Ebene gefällt. Freier Wille oder nicht – eine der großen Fragen der westlichen Philosophie.

Im Zen gibt es eine Fülle von Geschichten, die nur eines im Sinn haben: Tabu-Brüche zu demonstrieren. Damit soll vor allem erreicht werden, dass wir unsere inneren Fixierungen durchschauen, ungeachtet dessen, ob wir sie Gesetze nennen oder Moral oder Recht und Ordnung oder Höflichkeit. Erst wenn wir erkennen, dass alle diese Spielregeln letztlich N I C H T S sind, lediglich artifizielle Verabredungen oder Programme, an die wir uns klammern, damit wir uns im Alltag sicher fühlen, dann haben wir die Chance, wirkliche Freiheit zu entdecken. Diese Form der Freiheit ist in der Tat eine Provokation, weil sie im Prinzip alles, was wir als Recht und Ordnung empfinden, in Frage stellt. Deshalb ist sie vielen Menschen zunächst unheimlich.

Gefangen in der Einbahnstraße

Im Alltag wird Freiheit gerne als etwas Relatives betrachtet. Dann wird sofort gefragt: Freiheit wofür? Oder Freiheit wovon? Damit sind die kleinen Freiheiten gemeint, die wir uns mehr oder weniger erkämpfen müssen. Hier geht es jedoch um das Freisein, das an keine Bedingungen geknüpft ist. Um eine Haltung, mit der wir die inneren und äußeren Regeln freiwillig einhalten oder überwinden können. Diese Freiheit bringt uns in die überaus angenehme Lage, stets wählen zu können. Oft wird, besonders gerne in Politik und Wirtschaft, gesagt, diese oder jene Entscheidung sei ohne Alternative. Eine solche Behauptung ist die Bankrotterklärung des Geistes. Niemals ist für einen freien Geist irgendetwas ohne Alternative. Vielleicht ist es so, dass uns die Alternativen nicht immer angenehm sind. Wenn wir sie jedoch von vornherein negieren oder unterdrücken, fördern wir Fixierungen – und damit die Unfreiheit.

Sicherlich fallen Ihnen spontan Situationen aus Ihrem Alltag ein, in denen Sie beinahe gegen die geltenden Konventionen verstoßen hätten, oder in denen Sie einer Lösung zugestimmt haben, die Ihnen nicht wirklich behagte. Ein Szenario aus dem Arbeitsleben: Ihr Chef oder Ihre Chefin kommt kurz vor Feierabend noch mit einem besonders wichtigen Auftrag, dessen Erledigung Sie mehrere Stunden kosten wird, der aber unbedingt sofort ausgeführt werden muss. Wie reagieren Sie? Sagen Sie: »Tut mir sehr leid, aber ich habe heute Abend etwas Wichtiges vor und kann mich erst morgen früh darum kümmern.«? Oder schlucken Sie Ihren Ärger hinunter, sagen Ihre Verabredung ab und machen Überstunden? Und sind, falls Sie die letzte der beiden möglichen Entscheidungen getroffen haben, insgeheim nicht nur auf Ihren Vorgesetzten oder Ihre Vorgesetzte wütend, sondern auch auf sich selbst, weil Sie wieder einmal eingeknickt sind?

Die meisten Menschen werden in einer solchen Situation mit Anpassung reagieren. Ganz einfach deshalb, weil sie ihren unbewussten Programmierungen folgen und Angst vor negativen Konsequenzen haben. Andererseits kennen wir alle auch Menschen, die mit unverblümter Direktheit auf ihre eigenen Bedürfnisse hören und diese äußerst konsequent vertreten. Es gibt sie in jeder Firma, mitunter als Drückeberger diskreditiert. Weil sie uns den Spiegel vorhalten und mit ihrem Verhalten zeigen, dass es auch anders geht, reagieren wir gerne mit Ablehnung und übersehen dabei, dass es zunächst einmal um nichts anderes geht als zu erkennen, dass wir selbst in ähnlichen Situationen auch immer eine Wahl haben.

•

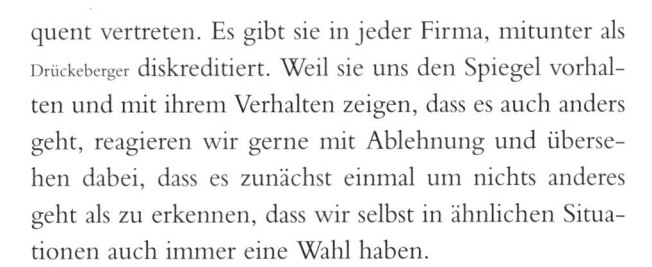

Die Freiheit hinter dem Müssen

Neben der Angst ist eines unserer gefährlichsten inneren Programme das Müssen. Wir müssen alles und jedes, müssen bis zur Zwanghaftigkeit – und können noch nicht einmal darüber lachen. Im Gegenteil, wir sind sogar empört, wenn sich jemand über unser Pflichtbewusstsein, das wir so ernst nehmen, lustig zu machen erdreistet. Wir machen das doch nicht nur so zum Spaß. Spätestens jedoch, wenn wir die Dinge so verkrampft sehen, sollten unsere Alarmglocken läuten. Menschen, die nichts zu lachen haben, nehmen im Allgemeinen alles sehr ernst, viel zu ernst. Diese Form des Engagements wird in unserer westlichen, speziell in der deutschen, Gesellschaft hoch geschätzt. In Wirklichkeit wäre es jedoch eine spannende Gratwanderung zwischen dem Tun im Eins-Sein mit dem, was zu tun ansteht.

Gegen Ernsthaftigkeit an sich ist nichts einzuwenden. Doch wenn sie zu einem ständigen »ich muss« wird, sabotieren wir unbewusst unsere Freiheit.

Denken wir an eine brillante und großzügige Gastgeberin, die jedoch allein beim Anblick eines Krümels auf dem Tischtuch schier dem Nervenzusammenbruch nahe ist. Ihre Gegenspielerin lebt das perfekte Chaos. Was sie auch anpackt, misslingt, doch das kümmert sie wenig. Solche extremen Prototypen kennen wir eher aus Filmen. Im realen Leben verkörpern wir zumeist eine Mischung aus beiden. Interessant wird es, wenn wir mit den unterschiedlichen Rollen bewusst spielen.

Wenn Sie es gewohnt sind, am Arbeitsplatz immer hundertprozentige Ergebnisse zu liefern, testen Sie, was passiert, wenn Sie sich einmal mit 90 oder gar nur 80 Prozent zufriedengeben. Wahrscheinlich werden Sie überrascht feststellen, dass die Extraportion Verbissenheit, die Sie bisher investiert haben, ohnehin nicht gewürdigt wird. Sind Sie jedoch mehr ein chaotischer Typ und tendieren zum saloppen Laissez-faire, dann kann es hilfreich sein, bewusst diszipliniert zu handeln. Falls Sie zu Verabredungen meist zu spät kommen, nehmen Sie sich vor, die nächsten Male grundsätzlich 15 Minuten früher am vereinbarten Ort zu sein. Vielleicht genießen Sie es, Zeit zu haben und sich mit Muße auf das, was kommen wird, einlassen zu können.

Wenn wir das Leben nicht mehr als ein Spiel wahrnehmen, dann sind wir verloren. Denn dann nehmen wir es zu ernst, und das raubt uns die Lebensfreude. Wo bleibt da die Erfahrung von Liebe, Freude und Freiheit? Wenn wir dagegen alles loslassen und in das N I C H T S eintauchen, sind wir im Einklang mit den essenziellen Qualitäten, die uns das Leben anbietet. Wer das einmal erfahren hat, der wird die vielfältigen Herausforderungen als ein interessantes Spiel betrachten, das einem Theaterstück gleicht, in dem jeder seine Rollen zu spielen hat. Und als guter Schauspieler sind wir nicht etwa wirklich der Schuft, sondern wir spielen ihn nur besonders gut. Auch in der Übung, mit der dieses Kapitel abschließt, spielen Sie – und Sie werden bald feststellen, wie befreiend das sein kann.

ÜBUNG

ETWAS VERRÜCKTES TUN

Tun Sie doch einmal ganz bewusst etwas völlig Unsinniges oder sogar gemeinhin Verbotenes. Es muss nichts Dramatisches sein, es geht nur um die Erfahrung der Grenzüberschreitung, damit Ihr inneres Programm wieder lernt, sich zu öffnen. Wichtig ist, dass Sie das, was Sie tun wollen, definitiv als einen Verstoß gegen die allgemein geltenden Regeln betrachten.

Sie können dabei auch ruhig innere Stimmen zu Wort kommen lassen, die Sie entschieden und eindringlich vor der beabsichtigten Tat warnen oder Ihr Vorhaben für völlig abwegig erklären. Aus ihrer Sicht haben diese Stimmen natürlich völlig recht. Es geht jedoch gerade darum, einmal andere Perspektiven als die gewohnten anderen Sichtweisen einzunehmen und auszuprobieren.

Und etwas möchte ich Ihnen ganz besonders ans Herz legen: Wenn Sie Ihre »Tat« begehen, versuchen Sie ruhig, die Freude, das Vergnügen zuzulassen.

● Hören Sie zu diesem Kapitel die geführte Meditation **WOLKENFLUG**, Track 10 auf CD.

STURM.

RÜTTEL MICH,
SCHÜTTEL MICH.
ALLE ALTEN MUSTER
WEG DAMIT.

Kleines Zen-Lexikon

Bodhidharma (Skrt.), etwa 440 bis 528. Kam der Legende nach aus Indien. 28. Dharma-Nachfolger des Buddha Shâkyamuni und erster Patriarch des > Zen in China.

Buddha (Skrt.), wörtlich »Der Erwachte«. Bezeichnet bestimmte historische (z. B. Buddha Shâkyamuni) und mythische (z. B. Buddha Amida) Personen und Wesen, die die aus dem Kreislauf der Existenzen führende vollkommene Erleuchtung verwirklicht haben. Zugleich Bezeichnung für die erleuchtete Wirklichkeit der Erscheinungen und die Möglichkeit der Erleuchtung, die allen Wesen eigen ist.

Chanoyû (Jap.), wörtlich »Teewasser«. Zeremonielles Zubereiten und Trinken von Tee (Teezeremonie), das sich im 16. Jahrhundert aus der > Ôryoki-Praxis der Zen-Mönche entwickelte.

Leerheit (Skrt. Šunyata; Jap. Ku), zentraler Begriff des Buddhismus. Bezeichnet die Ansicht, dass alle Erscheinungen über keine dauerhafte Substanz verfügen, sondern nur relativ zueinander, in wechselseitiger Abhängigkeit existieren und dem Gesetz der Vergänglichkeit unterworfen sind.

Nirwana (Skrt.), wörtlich »verlöschen«. Ursprünglich das Ausscheiden aus dem leidvollen Kreislauf der Wiedergeburten und das Beenden des Leidens. Im >Zen sind Nirwana und alltägliches Erleben nicht getrennt.

Ôryoki (Jap.), wörtlich »das, was gerade genug enthält«. Kontemplative stilisierte Form des gemeinsamen Essens in der Tradition der Zen-Klöster. Mönche und Nonnen erhalten bei ihrer Ordination dazu vier ineinanderpassende Essschalen.

Samâdhi (Skrt.), wörtlich »fixieren, festmachen«. Die Sammlung des Geistes, nichtdualistischer Bewusstseinszustand. Im > Zen der ursprüngliche, natürliche Geistzustand.

Sesshin (Jap.), wörtlich »Berühren des Geistes«. Phase besonders intensiver, disziplinierter Übung des > Zazen, wie sie in Zen-Klöstern in regelmäßigen Abständen durchgeführt wird; kann zwischen 2 ½ Tagen und mehreren Wochen dauern.

Taoismus. Unterschiedliche Richtungen traditioneller chinesischer Philosophie und Religion, denen die Naturbetrachtung und das Streben nach Harmonie zugrunde liegen.

Zazen (Jap.). Sitzmeditation, aus Zen (Chin. Chan) entstanden und wichtigste Übung beim Praktizieren von > Zen.

Zen (Jap.), Dhyana (Skrt.), Chan (Chin.), »Meditation, Versenkung, Konzentration«. Eine Richtung des Mahayana-Buddhismus, der sich in China etwa im 6. Jahrhundert nach christlicher Zeitrechnung entwickelte. Die Essenz des Zen besteht in der Praxis des > Zazen als Verwirklichung des ursprünglichen natürlichen Geistes in den Handlungen des Alltags.

Was man alles noch lesen kann, aber nicht muss

Abt Muho: **Zazen oder der Weg zum Glück.**
Rowohlt 2007

van Baren, Brigitte: **Zen in Leben und Arbeit.
Von Achtsamkeit bis Zeitmanagement.**
Kamphausen 2008

Jäger, Willigis/Poraj, Alexander/Zölls, Doris:
Zen im 21. Jahrhundert. Kamphausen 2009

Kohtes, Paul J.: **Sie wartet schon vor deiner
Tür.** Kamphausen 2006
CD 1 und CD 2 mit Meditationen zur Weisheit.
Kamphausen 2007

Kohtes, Paul J.: **Silbermond in dunkler
Nacht. Zen-Gedichte.** Kamphausen 2005

Kopp, Wolfgang: **LAO-TSE, Tao-Te-King,
Das heilige Buch vom Tao und der wahren
Tugend.** Ansata 1994

Mannschatz, Marie: **Buddhas Anleitung
zum Glücklichsein. Fünf Weisheiten,
die Ihren Alltag verändern.**
Gräfe und Unzer 2007

Suzuki, Daisetz T.: **Die große Befreiung.
Einführung in den Zen-Buddhismus.**
O. W. Barth 2010

Watzlawick, Paul: **Wie wirklich ist die
Wirklichkeit? Wahn, Täuschung, Verstehen.**
Piper 2005

Adressen und Links, die weiterhelfen

**Seminare in Zen-Meditation im Rahmen
des Führungskräfteprogramms »Zen for
Leadership«**
www.zenforleadership.com
E-Mail: paul.kohtes@zenforleadership.de

**Ernst Ferstl
Aphorismen, Haiku, Senryu**
www.gedanken.at

**Benediktushof
Seminar- und Tagungszentrum GmbH**
Klosterstraße 10
97292 Holzkirchen/Unterfranken
www.benediktushof-holzkirchen.de

**Neumühle – Europäisches Zentrum
für Meditation und Begegnung**
66693 Mettlach-Tünsdorf
www.meditation-saar.de

Haus der Stille
Puregg, Berg 12
A-5652 Dienten am Hochkönig
Salzburger Land
www.puregg.at

Lassalle-Institut
Bad Schönbrunn
CH-6313 Edlibach
www.lasalle-institut.org

Sachregister

A
Abhängigkeit 16, 18, 23
Achtsamkeit 13, 14
Angst 20, 42, 68, 69
Augenblick 20, 21, 29

B D
Balance 15, 75
Bedingungslosigkeit 36
Bedürfnispyramide 43
Beständigkeit 30
Buddha 66
Dankbarkeit 87
Dynamik 63, 70, 82

E
Ego-Tunnel 91, 94
Einheit 48, 97, 100
Einklang 82, 83, 113
Eins-Sein 33, 48, 96, 97, 111
Energie 28, 67, 74, 81
Entscheidung 92, 95, 98
Erfüllung 46, 47, 48

F
Flow 14, 15
Freiheit 82, 109, 111
Frieden, innerer 13
Fülle 41, 42, 43, 86

G H I
Gewissheit 105
Glück 27, 28, 31–36
Glückseligkeit 6
Glücksmoment 30
Hindernis 60, 61
Ich-Bewusstsein 97
Ich-Dominanz 93

K L
Kosmos 16, 75
Kraft/-quelle/-zentrum 56, 67, 72, 75
Lächeln, das 80
Laotse 16
Lebensmotto 43
Loslassen 8, 57, 59
Luxus 46, 47

M N O
Mantra 95, 101
Meditation 23, 44, 45, 48
Mitgefühl 99, 100
Mitte, innere 74
Müssen, das 111
Nirwana 19, 20
Opfer 67
Ordnung 16

P R
Paradies 28, 96
Programmierung 14, 107, 110
Pull-Strategie 57, 58
Push-Strategie 56
Rapid Eye Movement 63
Reflex 100
Regeln 106, 109
Rhythmus 15

S
Schicksal 54, 83
Schuld 70, 75, 83
Sehnsucht 13, 96, 105
Selbstbewusstsein 93
Selbstmitleid 92
Sicherheit 68, 70, 71, 72
Stress 55, 56

T U
Tao/Taoismus 16
Tunnelblick 94
Universum 16, 48, 57, 58
Urangst 74
Urvertrauen 86

W
Wahrnehmung 33, 34, 74
Werte/-system 105, 107, 108
Widerspruch 71, 83
Widerstand 53, 72
Wille 22, 23, 57, 108

Z
Zazen 45
Zeit 14, 18–24
Zeitsklaverei 15
Zen 6–7
Ziel 29, 53, 58–60, 62
Zufriedenheit 31, 43

Impressum

©2012 GRÄFE UND UNZER
VERLAG GmbH, München
Alle Rechte vorbehalten. Nachdruck, auch auszugsweise, sowie Verbreitung durch Bild, Funk, Fernsehen und Internet, durch fotomechanische Wiedergabe, Tonträger und Datenverarbeitungssysteme jeder Art nur mit schriftlicher Genehmigung des Verlags.

Projektleitung: Maria Hellstern
Lektorat: Rita Maria Güther
Bildredaktion: Horst Moser, Anna Schlecker, Henrike Schechter

Gesamtgestaltung, Satz:
independent Medien-Design,
Horst Moser, München
Layout: Anna Schlecker
Herstellung: Susanne Mühldorfer
Lithos: Longo AG, Bozen
Druck: aprinta, Wemding
Bindung: m. appl, Wemding

ISBN 978-3-8338-2374-9

1. Auflage 2012

Bildnachweis
Björn Gaus: S. 4; Fotosearch: S. 12, 15, 17, 23, 24, 61, 65, 90, 94–96, 98; Getty: S. 26, 56, 59; Katsushika Hokusai: S. 22, 29, 30–33, 37–39; Keisai Eisen: S. 19, 34, 35; Shutterstock: S. 2, 5–7, 9, 40, 43, 45, 46, 48, 49, 51, 52, 54, 63, 66/67, 69, 71–75, 77, 78, 81–84, 86, 87, 89, 93, 97, 101, 103, 104, 107, 109, 111, 113, 115–117, 119, U4; Utagawa Hiroshige: S. 21

Syndication:
www.jalag-syndication.de

CD
Musik und Produktion:
VIAS ENTERTAINMENT
VIAS ENTERTAINMENT ist ein Unternehmen der
VIAS PROJECTS GmbH

Wichtiger Hinweis
Alle Ratschläge und Übungen in diesem Buch wurden vom Autor sorgfältig recherchiert und in der Praxis erprobt. Dennoch können nur Sie selbst entscheiden, ob und inwieweit Sie die Vorschläge umsetzen können und möchten. Weder Autor noch Verlag können für eventuelle Nachteile oder Schäden, die aus den im Buch gegebenen praktischen Hinweisen resultieren, eine Haftung übernehmen.

GRÄFE UND UNZER
Ein Unternehmen der
GANSKE VERLAGSGRUPPE

Unsere Garantie
Alle Informationen in diesem Ratgeber sind sorgfältig und gewissenhaft geprüft. Sollte dennoch einmal ein Fehler enthalten sein, schicken Sie uns das Buch mit dem entsprechenden Hinweis an unseren Leserservice zurück. Wir tauschen Ihnen den GU-Ratgeber gegen einen anderen zum gleichen oder ähnlichen Thema um.

Liebe Leserin und lieber Leser
wir freuen uns, dass Sie sich für ein GU-Buch entschieden haben. Mit Ihrem Kauf setzen Sie auf die Qualität, Kompetenz und Aktualität unserer Ratgeber. Dafür sagen wir Danke! Wir wollen als führender Ratgeberverlag noch besser werden. Daher ist uns Ihre Meinung wichtig. Bitte senden Sie uns Ihre Anregungen, Ihre Kritik oder Ihr Lob zu unseren Büchern. Haben Sie Fragen oder benötigen Sie weiteren Rat zum Thema? Wir freuen uns auf Ihre Nachricht!

Wir sind für Sie da!
Montag–Donnerstag: 8.00–18.00 Uhr
Freitag: 8.00–16.00 Uhr
Tel.: 0180-5005054* *(0,14 €/Min. aus
Fax: 0180-5012054* dem dt. Festnetz/
Mobilfunkpreise
E-Mail: maximal 0,42 €/Min.)
leserservice@graefe-und-unzer.de

P.S.: Wollen Sie noch mehr Aktuelles von GU wissen, dann abonnieren Sie doch unseren kostenlosen GU-Online-Newsletter und/oder unsere kostenlosen Kundenmagazine.

GRÄFE UND UNZER VERLAG
Leserservice
Postfach 86 03 13
81630 München

Die CD zum Buch

Die geführten Meditationen zu jedem der acht Tore im Buch helfen Ihnen, vollkommen in die Erfahrungswelt des N I C H T S zu gelangen.

Wählen Sie immer zuerst Track 2, die »Allgemeine Entspannungsübung«, mit der Sie sich auf die Meditation einstimmen. Danach wählen Sie eine der geführten Meditationen von Track 3 bis 10, um einen direkten Zugang zur jeweiligen Zen-Tugend zu finden.
Die grundlegende Meditation »Die Reise ins Nichts« (Track 11) ist Anfang und Ende der großen Reise, auf der Sie wahrnehmen können, wo Ihre ganz persönliche Fülle des Lebens entspringt.

....

1. DAS BUCH VOM NICHTS: **Einführung in die geführten Meditationen** (03:55 Min.)

2. ALLGEMEINE ENTSPANNUNGSÜBUNG (03:24 Min.)

3. ACHTSAM SEIN: **Zeit-Reise** (06:00 Min.)

4. DAS SCHÖNE IM HIER UND JETZT ERKENNEN: **Yoga-Nidra** (21:56 Min.)

5. BESCHEIDEN SEIN: **Reise durch die Galaxis** (05:11 Min.)

6. LOSLASSEN: **Am Fluss** (05:12 Min.)

7. KRAFTVOLL HANDELN: **Ein neuer Tag – Sonnenaufgang am Meer** (06:44 Min.)

8. DANKBARKEIT PFLEGEN: **Lass' dich gehen – Sonnenuntergang am Meer** (05:35 Min.)

9. MITGEFÜHL ENTWICKELN: **Baum-Meditation** (05:29 Min.)

10. FREI SEIN: **Wolkenflug** (04:29 Min.)

11. DIE REISE INS NICHTS (07:07 Min.)